**국민성 풍자 유머
지구촌 천태만상**

이 책을 _____ 님께 드립니다.

국민성 풍자 유머
지구촌 천태만상

초판 1쇄 발행 | 2017년 09월 09일

지은이 | 박영만

발행처 | 프리윌출판사
표지그림 | 김용우
디자인 | 김경진
e-book제작 | 김응환
홍　　보 | 박혜선
마케팅 | 임인엽, 박혜린

등록번호 | 제2005-31호　　등록년월일 | 2005년 05월 06일
주소 | 경기도 고양시 일산서구 호수로 710 1703동 103호
전화 | 031-813-8303　　팩스 | 031-922-8303
홈페이지 : http://www.dreambookkorea.co.kr/
e-mail | freewillpym@naver.com　yangpa6@hanmail.net

※ 이 책의 저작권은 저자와의 독점 계약으로 프리윌출판사가 소유합니다.
　신 저작권법에 의해 보호를 받는 저작물이므로 무단전재와 무단복제를 금합니다.

값 11,000원
ISBN 979-11-87110-72-9　03690

국립중앙도서관 출판예정도서목록(CIP)

국민성 풍자 유머 지구촌 천태만상 / 지은이: 박영만. -- 고
양 : 프리윌출판사, 2017
　　p. ;　cm

권말부록: 21세기 세계반 아이들
ISBN 979-11-87110-72-9 03690 : ₩11000

유머[humour]

817-KDC6
895.775-DDC23　　　　　　　　　　CIP2017021468

국민성 풍자 유머
지구촌 천태만상
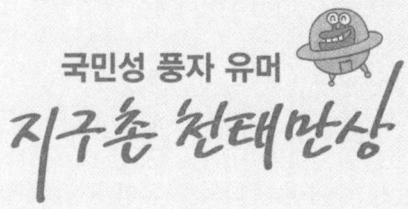

박영만 지음

프리윌

들어가는 말

 이 책은 세계 여러 나라의 고유한 국민 특성뿐만 아니라 어떤 상황에 반응하는 그들의 특징을 통찰력 있게 붙잡아, 재치 있고 간결하게 표현한 '국민성 위트 유머집'이다. 각종 매체에서 자료를 수집하고 다듬어 총 105 꼭지의 위트 유머를 수록했다.

 21세기는 지구촌 시대이며 세계화 시대이다. 세계화라고 해서 전 세계가 하나의 통일된 국가가 된다는 뜻은 아니다. 세계화는 오히려 '나라'를 단위로 출발하는 개념이다. 한 나라 한 나라가 자신들의 고유한 문화와 특성을 발전시키되, 고립되지 않고 상호 협력하며 교류하는 것이 세계화요 글로벌화이다. 그러므로 한 나라, 한 나라의 특성을 잘 모르고는 제대로 된 글로벌 마인드를 가질 수 없다. 미국의 사상가 에머슨은 '한 나라의 척도는 인구나 도시의 크기 혹은 추수한 농작물의 양에 달려있는 것이 아니라, 그 나라에 속한 사람들이 어떤 종류의 사람인가에 달려있다.' 라고 말했다. 또 영국의 철학자 프랜시스 베이컨은 '한 민족의 특성과 기지와 정신은 그 민족의 속담이나 격언(格言)에서 발견된다.' 라고 말한 바 있다. 맞는 말이다. 하지만 시대상황이 많이 바뀐 오늘날, 옛 속담이나 격언으로 한 나라의 특성을 알아보는 것은 격세지감이 있다. 그보다는 시대상황을 잘 반영하는 유머로 각 나라의 특성과 특징을 알아보는 것은 그야말로 재미있고도 유익한 행위가 될 것이다.

각 나라 국민성의 특징이나 핵심을 꼬집는

위트 있는 유머는 거의 격언에 가까운 것들도 많다. 위트 유머는 일종의 에피그램(epigram)이다. 에피그램은 격언이나 속담보다 더 예리한 풍자를 담고 있다. 위트 있는 유머를 통해 한나라, 한 나라의 국민성과 특성을 들여다보는 것은 그 자체만으로도 재미있는 일일뿐만 아니라, 글로벌 마인드로 갈 수 있는 아주 좋은 수단이 될 수 있다.

 개인과 마찬가지로 한 나라의 국민성도 정형화된 한 가지 특성만 있는 것은 아니다. 이를테면 감성적인 면과 이성적인 면을 동시에 지닐 수 있고, 실용적인 면과 낭만적인 면을 동시에 지닐 수도 있다. 이 책에 실린 유머들은 각 나라 국민들의 여러 특성 중에서 표면적으로 좀 더 두드러지게 나타나는 특징에 중점을 두어 꼬집은 것이므로 어느 정도 융통성 있는 마인드로 받아들일 필요는 있다. 그리고 다분히 국수주의적인 성격을 띠는 유머들도 있는데 이는 오히려 그러한 배타성의 벽을 허물라는 뜻으로 받아들이면 좀 더 재미있게 글로벌마인드로 갈 수 있는 훌륭한 기회가 될 것이다.

> 혼자만의 재치 있고, 유머 넘치고, 고무적인
> 인용구들이 담긴 작은 노트를 만들어 보라.
> 우울하거나 기분이 처지는 날에
> 그 인용구들을 읽으며 자신을 독려하면 큰 효과가 있다.
> - 어니 J. 젤린스키

지은이 박영만

CONTENTS

제1장
UFO 출현 시 나라별 대처법   13

나라별 유머 감각	14
유머, 위트, 풍자, 해학	16
나라별 제일 좋아하는 단어	17
파란색 말을 구하기 위하여	19
젖소 두 마리를 사육하라고 했더니	21
코끼리를 냉장고 안에 집어넣으려다 벌어진 사건	24
닭이 길을 건넌 이유에 대한 견해	27
위기 상황에서의 나라별 반응	30
UFO 출현 시 나라별 대처법	32
어느 날 갑자기 백만장자가 되었다면	39
나라별 뛰는 놈과 나는 놈	41
나라별 물에 빠진 사람 구하는 법	44
나라별 논문의 소재	46
좋은 뉴스와 나쁜 뉴스	48
나라별 관심 분야	50
나라별 행복의 순간	52
각국 철학자들이 말하는 인생의 의미	54
후손에게 물려줘야 할 덕목들	56
각국 학생들의 대답	58
언어별 효율성	60
나라별 가장 아름다운 말	62
피사의 사탑에 대한 나라별 반응	64
각국인을 향한 어느 호텔의 경고문	66
인터내셔널 바에서 1	68
인터내셔널 바에서 2	70

각국 경찰의 수사력	72
한·미·일의 통신기술 수준	74
각국 남자들의 넥타이 고르는 법	76
각 나라 여자들의 서로 다른 충고	78
나라별 두 남자와 한 여자	80
각국 여자들의 반응	82
괴한들이 휩쓸고 지나간 이후	84
한 사람, 두 사람, 세 사람 (영국인)	86
한 사람, 두 사람, 세 사람 (프랑스인)	88
한 사람, 두 사람, 세 사람 (독일인)	90
한 사람, 두 사람, 세 사람 (중국인)	92
한 사람, 두 사람, 세 사람 (일본인)	94
한 사람, 두 사람, 세 사람 (한국인)	96

제2장
각국인의 인생 목표 99

그릇과 국민성	100
나라별 단위정서	102
나라별 성공 방식	104
나라별 몰림 현상	106
나라별 인물 부재	108
나라별 최고와 최저	110
나라별 허가와 금지	112
나라별 꿈과 이상	113
나라별 상류층의 조건	114
나라별 달리는 방식	116
나라별 관계 양태	118
나라별 음식 문화	120
나라별 쇠고기 활용률	122

나라별 음주 습관	123
나라별 음주 방법	125
나라별 술과 국민정서	126
나라별 건배 용어	128
나라별 연애 소설의 특징	129
나라별 연애관	131
나라별 자녀 교육법	132
나라별 예술 특성	134
나라별 당면 과제	136
나라별 애국관	137
나라별 여가 활용	139
나라별 선호 색과 자동차	141
나라별 분쟁 해결법	143
나라별 독서 취향	144
나라별 버스 안 표어	146
나라별 남는 것	148
나라별 속임의 사슬	150
남녀가 이별할 때	152
남녀가 이별한 후	153
각국 여자들의 이상형 남자	154
각국 남자들의 이상형 여자	155
각국 남자들의 특성	156
애인이 생기면	158
여자가 알몸을 보였을 때의 반응	159
천국나라의 문화	161
지옥나라의 문화	163
핵폭탄	165
메일을 열었을 때의 나라별 반응	167
할 일이 없으면	168
셋이 모이면 1	169
셋이 모이면 2	170

그래서인지	172
최상의 삶이란	173
최악의 삶이란	174
각국인의 인생 목표	175

제3장
3국인의 행동 양식  177

한국이 미국, 일본보다 우수한 점	178
나라별 가장 먼저 한 일	180
획일화와 개성화	182
그룹이 되었을 때의 나라별 특징	183
나라별 작전명령	184
나라별 특정 성씨가 많은 이유	186
나라별 장기와 특기	187
3국인의 삶의 목표	188
3국인의 행동 양식	189
3국의 젓가락 문화	191
3국인의 싸우는 이유와 방법	192
3국인의 언행 특성	193
3국 국기의 발현	194
3국인의 놀라운 식성	195
3국인의 인내력 테스트	196
3국인의 동물소리 자랑	198
재미있는 세계 속담 1	200
재미있는 세계 속담 2	202
지구가 행복해지는 방법	204

부록 - 21세기 세계반 아이들   206

제 1 장
UFO 출현 시 나라별 대처법

● 국민성 풍자 유머 지구촌 천태만상 ●

나라별
유머 감각

세계적인 코미디언이 각국 사람들을 모아놓고
재미있는 유머를 펼쳤다.
그러자,

✦ 영국인은
유머를 끝까지 다 듣고 나서 웃었고,

✦ 프랑스인은
유머를 다 듣기도 전에 웃어버렸고,

✦ 독일인은
유머를 듣고 난 다음날 아침에 웃었고,

✦ 중국인은
유머를 듣고도 못 들은척했고,

✦ 일본인은
유머를 듣고 그대로 따라 했고,

✦ 한국인은
인터넷을 통해 그 유머를 마구 퍼뜨렸다.

✦ 웃음은 경직성을 유연성으로 교정하고,
각 개인을 다른 사람과 조화할 수 있도록 재적응시키며,
날카로운 모서리를 둥글게 한다.
- 베르그송

유머, 위트, 풍자, 해학

✧ 재미있는 것을 좋아하는 미국인은
유머를 즐기고,

✧ 재치 있는 것을 좋아하는 프랑스인은
위트를 즐기고,

✧ 비꼬기를 좋아하는 러시아인은
풍자를 즐기고,

✧ 익살스러운 것을 좋아하는 한국인은
해학을 즐긴다.

> ❖ 진정한 유머는 머리에서 나온다기보다
> 마음에서 나온다.
> 그것은 웃음에서 나오는 것이 아니라
> 더 깊이 잠겨 있는 조용한 미소에서 나온다.
> - 칼라일

나라별
'제일' 좋아하는 단어

어느 날, 하나님이 지구를 방문해서 각 나라 사람들을 모아놓고 각각 제일 좋아하는 단어가 무엇이냐고 물었다.
그러자,

✦ 영국인은
'전통'이라고 대답했고,

✦ 프랑스인은
'자유'라고 대답했고,

✦ 중국인은
'중심'이라고 대답했고,

✦ 일본인은
'최신'이라고 대답했고,

✦ 한국인은
'그거'라고 대답했다.

✦ 하나님이 '그게' 뭐냐고 묻자,
한국인은 그거 '제일'이라고 대답했다.

❖ 제일 잘 익은 복숭아는 제일 높은 가지에 달려 있다.
- 제임스 휘트컴 라일리

파란색 말을
구하기 위하여

세계적인 부자가 파란 색 말(馬)을 구해 오는 사람에게 백만 달러를 주겠다고 약속했다. 그러자 이 광고를 본,

✧ 미국인은
총을 들고 멕시코 국경을 넘어갔고,

✧ 영국인은
탐험대를 조직해서 아프리카로 떠났고,

✧ 프랑스인은
당나귀를 사다가 파란색 페인트칠을 했고,

✧ 독일인은
동네 도서관으로 달려가 관련서적을 뒤졌고,

✧ 중국인은
고비사막을 지나 몽골 초원으로 들어갔고,

✧ 일본인은
밤을 새가며 푸른색 개구리 애니메이션을 그렸고,

✧ 한국인은
네이버, 다음, 구글을 넘나들며 인터넷을 뒤졌다.

❖ 노(no)를 거꾸로 쓰면 전진을 의미하는 온(on)이 된다.
모든 문제에는 반드시 문제를 푸는 열쇠가 있다.
끊임없이 생각하고 찾아내라.

- 노먼 빈센트 필

젖소 두 마리를
사육하라고 했더니

세계 식량기구에서 각 나라에 젖소 두 마리씩을 주어 잘 사육하라고 했다.
그러자,

✦ 미국은
젖소 두 마리 중 한 마리는 우주개발 실험에 쓰고, 나머지 한 마리로부터 열 마리 분의 젖을 짜려다가 소가 죽자 그것을 각 부위별로 나누어 한국 등에게 수입하라고 압력을 가했고,

✦ 영국은
젖소 두 마리의 헤딩 실력을 테스트 한 뒤, 한 마리는 맨체스터 유나이티드팀 소속으로, 다른 한 마리

는 토트넘 홋스퍼팀 소속으로 하여 카우미어리그 축구경기를 벌였고,

✦ 프랑스는
젖소 두 마리가 황소를 찾아 애정행각을 벌이도록 자유를 주는 한편, 샹젤리제 거리에서 〈연인을 데리고 돌아온 젖소 두 마리〉라는 제목의 연극 공연을 했고,

✦ 독일은 엄격한 교육을 통해 젖소 두 마리에게 자율번식사상을 주입시킴으로서, 젖소 두 마리가 스스로 공업용 젖소, 군사용 젖소, 소시지용 젖소 등 수십 마리의 젖소로 번식하도록 했고,

✦ 중국은 젖소 두 마리를 시작으로 '흑우백우' 정책을 펴서 한국, 미국, EU 등에게 더 많은 젖소를 끌고 들어오면 싼 인건비로 초코우유, 딸기우유, 바나나우유 등 다양한 우유를 생산 할 수 있게 해준다고 홍보한 다음, 내부적으로는 소 젖꼭지에 무거운 세금을 부과하는 전략을 폈고,

✦ 일본은 젖소 두 마리의 나체사진을 찍어 주간지에 공개하는 한편, 그것을 모델로 털 없는 젖소를 만들어 크기를 1/10로 줄인 다음, '카우몬'이란 캐릭터를 개발해 전 세계에 팔았고,

✦ 한국은 젖소 두 마리를 서울대 수의학과에 보내 많은 난자를 생산토록 한 다음, 11개의 젖소줄기세포 배양에 성공했지만, 나중에 그 난자는 염소의 난자와 바꿔치기한 것이라는 주장이 나와 검찰이 수사에 나섰지만 결국 미궁에 빠졌다.

❖ 계란이 부화하기 전까지는 병아리 수를 세지 마라.
- 캐나다 속담

코끼리를
냉장고 안에
집어넣으려다
벌어진 사건

유네스코가 각 나라별로 코끼리를 냉장고 안에 집어넣으라고 명령했다.
그러자 다음과 같은 일이 벌어졌다.

◇ 미국은

막대한 자금을 투입하여 한 달 만에 코끼리가 들어갈 수 있는 냉장고를 만들었지만, 그날 우리 안에 갇혀있던 코끼리가 탈레반 무장 세력의 공격을 받아 죽고 말았다.

✧ 영국은

코끼리가 들어갈 대형 냉장고를 만들어 그것을 런던으로 수송하는 도중 파파라치들이 따라붙자, 그들을 따돌리려던 트럭이 마주오던 트럭과 정면으로 충돌하여 냉장고와 트럭이 모두 박살나버렸다.

✧ 프랑스는

먼저 코끼리가 암컷임을 확인하자 '마드모아젤!' 이라고 외친 다음, 냉장고 모양의 레이스 의상을 개발하여 코끼리에게 입히고 나서 코끼리를 냉장고에 집어넣었다고 주장했다.

✧ 러시아는

KGB를 시켜 강아지 한 마리를 시베리아로 끌고 가서 코끼리라고 자백을 받게 끔 한 다음, 시베리아가 하나의 거대한 냉장고이므로 일부러 코끼리를 냉장고 안에 집어넣을 필요가 없다고 주장했다.

◇ 한국은

여당은 '코끼리냉장고제작특별법'부터 만들자고 주장했고, 야당은 코끼리가 냉장고 안에 들어가야 할 이유가 뭔지 청문회부터 열자고 서로 싸우는 동안, 한 네티즌이 사이버 상에서 코끼리에게 냉장고를 먹인 다음 코끼리의 안과 밖을 뒤집음으로써 코끼리를 냉장고 안에 집어넣는 위업을 달성했다.

❖ 나는 똑똑했던 것이 아니라
단지 좀 더 오랫동안 문제를 연구했을 뿐이다.
- 앨버트 아인슈타인

닭이 길을 건넌 이유에 대한 견해

어느 날, 닭이 홀연히 마당을 떠나 집 앞의 도로를 건넜다.
그러자,

✦ 미국은
닭은 순수한 신앙의 자유를 찾아 멀고 험한 길을 떠난 것이라고 주장했다. 그리하여 닭이 세찬 모래 폭풍을 뚫고 길을 건너 인디언 닭들의 영토에 들어갔을 때, 닭은 뉴프런티어 정신으로 '그랜드치킨 드림'을 실현한 것이라고 믿어 의심치 않았다.

✦ 영국은
닭이 처음에는 '건너느냐 마느냐 그것이 문제로다.'라고 망설였지만, 결국은 '건너지 않는 닭은 계속해서 서있으려는 성향을 보이고, 건너려는 닭은 계속해서 움직이려는 성향을 보이게 된다.'라는 법칙을 떠올리며, 역사는 언젠가는 닭의 명예를 평가할 것이라는 두려움 때문에 길을 건넜다고 주장했다.

✦ 이탈리아는

실제로 닭이 길을 건넌 것인지 아니면 닭이 서있던 땅이 움직인 것인지 알 수 없다면서 계동설(鷄動說)을 부인하고 지동설(地動說)을 주장하다가 나중에는 닭이 길 건너편에서 '왔노라 보았노라 건넜노라'고 선언했을 때 비로소 닭이 길을 건넌 것을 인정했다.

✦ 러시아는

닭이 너무 오래 동안 길 반대편을 응시하고 있으면 반대편도 자기를 응시할 것이라는 이념에 사로잡혀 있다가 결국은 그 이념을 버리고 오믈렛과 위스키를 찾아 길을 떠난 것이라고 주장했다.

✦ 이스라엘은

하나님께서 닭에게 젖과 꿀이 흐르는 땅을 약속했기 때문에 길을 건넌 것이고, 닭은 앞으로 40일간 거친 들판을 헤매다 가나안 오리의 땅에 들어갈 것이며, 오리들과의 끊임없는 전쟁으로 고통 겪을 것이라고 예견했다.

✦ 한국은
앞마당보다는 정의로운 나라가 길 건너편에 있기 때문에 닭은 길을 건넌 것이다. 집 앞마당에는 좌파 오리와 우파 오리가 서로 역사를 왜곡하고, 머리에 붉은 띠를 두른 거위 무리들이 밤낮으로 마당을 점거하고 설치기에 분연히 일어나 마침내 정의로운 땅을 찾아 길을 건넌 것이라고 주장했다.

> ❖ 하나의 일을 경험하지 않으면
> 하나의 지혜가 자라지 않는다.
> 일이 비록 작더라도 하지 않으면 이룰 수 없다.
> - 명심보감

위기 상황에서의
나라별 반응

태평양 한 가운데에서 호화여객선 인터내셔널호가 침몰하기 시작했다.
당황한 선장이 승객들에게 소리 쳤다.
"여러분, 지금 선미에 불이 붙었습니다. 각자 구명조끼를 입고 바다에 뛰어드십시오!"
그러나 겁에 질린 승객들은 선뜻 바다에 뛰어들지 않았다. 다급해진 선장은 승객들의 국민성을 이용하기로 했다.

✦ 그는 먼저 영국인에게 소리쳤다.
"진정한 신사는 바다를 두려워하지 않습니다!"
그러자 영국인은 즉시 바다로 뛰어들었다.

✦ 다음은 프랑스인에게 소리쳤다.
"아름다운 사람만이 투신할 수 있으며 그에게는 애

인이 많이 생길 겁니다!"
그러자 프랑스인도 바다로 뛰어들었다.

✦ 다음은 독일인에게 소리쳤다.
"게르만 민족의 우월성을 보여주시오!"
그러자 독일인도 바다로 뛰어들었다.

✦ 다음은 일본인에게 소리쳤다.
"뛰어내리면 많은 돈을 벌수 있습니다. 그것이 가장 경제적입니다!"
그러자 일본인도 바다로 뛰어들었다.

✦ 다음은 한국인 차례였다. 선장은 잠시 고개를 갸우뚱하더니 소리쳤다.
"지금 바다 속에는 보신용 물고기늘이 우글서리고 있습니다!"
그러자 한국인도 바다 속으로 뛰어들었다.

❖ 위기란 위험과 기회가 합쳐진 말이다.

-중국 격언

UFO 출현 시 나라별 대처법

지구 상공에 거대한 UFO가 출현했다.
그러자,

◇ 미국은
UFO가 떠 있는 지역으로 수십만 명의 군중들이 모여들기 시작한다. 그들 중 일부는 굉음이 울리는 오토바이를 타고 있는데, 검정 가죽재킷에 한 손에는 총을 들고 있다. 그들은 겁 없이 UFO를 향해 함부로 총질을 해대기도 하고, 미국 내 모든 매스컴들은 이 상황을 실시간으로 취재해서 보도한다. 애플, 아마존, 마이크로소프트사 컴퓨터 프로그래머들이 UFO로부터 흘러나오는 음파를 해독해보려고 애쓰지만 결국 아무 성과도 내지 못한다.

✧ 영국은

가뜩이나 흐린 날씨에 이상한 비행물체까지 나타나서 햇빛을 가린다며 달가워하지 않으면서도 침착하게 일상생활을 영위한다. 일부 시민들은 외계인을 남태평양의 자기네 식민지 어디에서 온 특수 종족쯤으로 생각한다. 그리고 몇몇 왕실 관계자는 UFO를 여왕이 거처할 제2의 왕궁으로 지정해야 한다고 주장한다.

✧ 프랑스는

관광청이 나서서 에펠탑 꼭대기로부터 UFO에 이르는 에스컬레이터를 설치하여 관광 상품화 하자고 제안한다. 그러나 노동청은 에펠탑 관광 종사자들이 이를 반대하며 스트라이크를 일으킬 것이 뻔하므로 그에 대한 대책이 선행되어야 한다고 주장한다. 그리고 전국의 젊은 여자들은 재빨리 애인에게 전화를 걸어 주말 데이트 장소를 UFO가 떠있는 지역으로 변경하자고 애교를 떤다.

✧ 독일은

즉각 권위 있는 공학박사들을 소집하여 UFO의 특징을 파악한 다음 UFO가 떠있는 하늘을 공업화할 계획을 세운다. 일부 극우주의자들은 거리로 뛰쳐나가 UFO 옆구리에 卍자를 그려 넣자고 선동하며 행진하지만, 대부분의 국민들은 동조하지 않고 UFO를 화제로 이야기를 나누며 맥주를 마신다.

✧ 러시아는

정부가 대공미사일로 UFO를 격추시켜 그 잔해를 팔아 식량과 보드카를 수입할 계획을 세우지만, 우선은 체첸 반군을 진압하는 게 급선무이기 때문에 나중으로 미룬다. 일부 국민들은 UFO를 옛 소비에트연방 시절 자기네 나라가 쏘아올린 인공위성이 되돌아온 것쯤으로 생각한다.

✧ 이집트는

피라미드 상공에 UFO가 나타나자 정부가 나서서 그것은 옛날 람세스 왕 시절 자기네들이 숭배하던 태양신이 재림한 것이라고 발표한다. 국민들도 정부의 발표에 따라 저마다 UFO 아래에 제단을 쌓고 제사를 올린다. 그러자 UFO는 조금씩 자신의 정체성이 태양신인 것으로 착각하기 시작한다.

✧ 브라질은
정부가 즉각 긴급 각료회의를 소집하여 UFO의 위험성 여부에 대해 논의한다. 그러나 국민들의 열화와 같은 성화에 못 이겨 UFO에서 축구경기를 할 수 있는지, 할 수 있다면 삼바축제도 함께 열 수 있는지부터 검토한다.

✧ 인도는
정부든 국민이든 모두 UFO를 타고 온 외계인이 어떤 종교를 믿고 있는지에 관심을 보인다. 가까스로 나라를 안정시켜 발전의 기틀을 마련했는데 UFO의 출현으로 인해 혹시 다른 종교가 유입되어 갈등이 생기지 않을까 그것부터 염려한다. 그러나 곧 국민들은 마음으로 믿어지지 않는 것은 존재하지 않는 것이기 때문에 UFO의 출현도 하나의 일시적 현상으로 보고 수행을 계속한다.

✧ 바티칸은

갑자기 괴 비행물체가 나타나 나라 전체의 상공을 가리어 어둡게 한 것이 악마의 소행이 아닌가 의심하지만, 곧 예배를 드릴 시간이라 더 이상 신경 쓸 겨를이 없다. 모든 것은 하나님의 뜻이기 때문에 오로지 하나님께 대한 예배와 기도에만 전념한다.

✧ 파푸아뉴기니는

괴 비행물체의 출현에 잔뜩 겁을 먹은 총독이 즉각 부족장 회의를 소집하여 전사들을 모집하는 한편 그들을 창과 방패 등으로 무장시킨다. 국민들은 전사들의 용맹성을 믿지만 일단 부족별로 고구마, 감자, 바나나 등을 잔뜩 짊어지고 안전한 곳으로 피난을 떠난다.

✧ 중국은

갑자기 나타난 이상한 비행물체 따위엔 크게 신경 쓰지 않는다. UFO가 선제공격을 해서 한 10만 명쯤 죽어야 다음 날 아침 조간신문 한 귀퉁이에 기사로 실린다. 간혹 장풍을 날려 UFO를 격추시키자고 주장하는 무림의 고수들이 나타나지만 크게 주목받지 못한다.

✧ 일본은
UFO는 자기네 섬 일부가 떠오른 것이라고 주장하면서 그 주장을 교과서에 실으려 하지만 주변국들의 강력한 반발에 부딪혀 무산되고 만다. 결국 일본 국민들은 UFO에 공격당해 죽는 것이 장렬한 죽음인가, 아니면 열도가 가라앉아 물에 빠져 죽는 것이 더 장렬한 죽음인가를 놓고 고민하다가 에반게리온이 실제로 없다는 것을 깨닫고 절망하여 대다수의 국민들이 자살해버린다.

✧ 북한은
당의 고위간부들이 나서서 국민들이 UFO 출현을 알지 못하도록 정보를 차단한 다음, 외계인을 상대로 '우리는 핵무기를 가지고 있다. 너희 UFO를 한 방에 불바다로 만들어버릴 수도 있다' 라고 협박하여 외계인들이 가지고 온 식량을 뺏을 궁리를 한다. 국민들은 끝까지 UFO를 UN의 무슨 식량기구

쯤으로 생각한다.

✧ 한국은

네티즌들 사이에 '문어 대가리 모양의 외계인이 롯데월드타워 안에 알을 낳은 다음, 현재 청와대 지붕 위에서 무궁화 2호기와 대치하고 있다'는 루머가 삽시간에 일파만파로 퍼진다. 국회는 특검을 통해 UFO의 정체를 파악하자고 주장하지만, 정부는 청와대 대변인이 나서서 모든 것을 UFO인과의 대화를 통해 풀겠다고 발표하고, 그 와중에도 언론들은 UFO인들의 사생활에 관한 추측성 보도만을 특종이라고 마구 내보내고, 그러거나 말거나 일부 지체 높으신 분들은 서둘러 미국행 비행기 표를 예매한다.

> ❖ 이 넓은 우주에 지적 생명체가 우리뿐이라면
> 그것은 엄청난 공간 낭비가 아니겠니?
> - 영화 〈콘택트〉에 나온 명대사

어느 날 갑자기 백만장자가 되었다면

미국, 스페인, 중국, 한국 이렇게 네 나라 사람에게 '어느 날 아침에 깨어나 보니 백만장자가 되었다면 가장 먼저 무엇을 하시겠습니까?' 라는 질문이 주어졌다.
그러자,

✦ 미국 사람은
마이애미에 가서 애인을 구해 진탕 마시며 놀겠다고 대답했고,

✦ 스페인 사람은
마드리드에 투우장을 짓겠다고 대답했고,

✦ 중국 사람은
북경의 최고급 요리 집으로 달려가 코스요리를 즐기겠다고 대답했고,

✦ 한국 사람은
억만장자가 되기 위해 다시 잠자리에 들겠다고 대답했다.

❖ 돈은 귀신에게도 맷돌을 갈게 할 수 있다.
- 한국 속담

나라별
뛰는 놈과 나는 놈

세계 '대단한 놈 위원회'에서 나라별로 '뛰는 놈과 나는 놈'에 대해 한 마디씩 해보라고 했다.
그러자,

✦ 미국인은
'뛰는 놈이나 나는 놈이나 다 미국의 통상조약 안에 있다!' 라고 선언했고,

✦ 영국인은
'뛰는 놈이 나는 놈을 따라잡으려면 일단 프리미어리그 안으로 들어와야 한다.' 라고 말했고,

✦ 프랑스인은
'뛰는 놈이 나는 놈을 따라잡으려면 떼제베를 타면 된다.' 라고 말했고,

✦ 독일인은
'변증법적으로 볼 때 뛰는 놈과 나는 놈 다음엔 희한한 놈이 나온다.' 라고 말했고,

✦ 이탈리아인은
'뛰는 놈이나 나는 놈이나 모두 로마로 통한다.' 라고 말했고,

✦ 중국인은
'뛰는 놈이건 나는 놈이건 잡기만 하면 된다.' 라고 말했고,

✦ 일본인은
'뛰는 섬이건 나는 섬이건 일단 일본 땅이라고 우겨야 한다.' 라고 말했고,

✦ 한국인은
'뛰는 놈은 보수꼴통이고 나는 놈은 진보좌빨이다.' 라고 말했다.

❖ 먹기는 파발이 먹고 뛰기는 역마가 뛴다.
- 한국 속담

나라별 물에 빠진 사람 구하는 법

UN 재난구조본부가 각국 직원에게 '물에 빠진 사람을 구하는 법'을 연구해서 보고하라고 했다. 그러자,

◇ 미국 직원은
세계 여러 나라에 구조대를 파견하도록 압력을 가하면 된다고 보고했고,

◇ 독일 직원은
볼록거울로 햇빛을 모아 강물을 증발시킨 다음 구하면 된다고 보고했고,

◇ 이스라엘 직원은
물이 두 갈래로 갈라지도록 기도하여 구하면 된다고 보고했고,

◇ 중국 직원은
수심이 얕은 쪽으로 가서 물에 빠진 사람이 그쪽으로 떠내려 올 때까지 기다리면 된다고 보고했고,

◇ 일본 직원은
주가를 대폭 끌어올려 물에 빠진 사람의 투자심리를 자극하면 스스로 헤엄쳐 나온다고 보고했고,

◇ 한국 직원은
강바닥을 그린벨트 지역에서 해제한 뒤, 그곳을 신도시 개발지역으로 지정하면 일부러 구할 필요가 없다고 보고했다.

> ❖ 어망을 쳐두면 기러기도 잡히고,
> 버마제비가 먹이를 노리면 참새가 또 그 뒤를 엿보나니,
> 기교 속에 기교가 있고 이변 밖에 이변이 생기는 지라
> 사람의 지혜나 계교를 어찌 족히 믿겠는가.
> - 채근담

나라별 논문의 소재

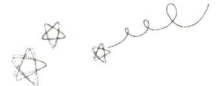

유네스코가 각 나라들로부터 코끼리에 관한 연구논문을 모집했다.
그러자,

✦ 독일로부터는
'코끼리학의 방법론'에 관한 연구논문이 접수되었고,

✦ 프랑스로부터는
'코끼리의 애정생활'에 관한 연구논문이 접수되었고,

✦ 영국으로부터는
'코끼리가 화물 운반에 얼마나 유용한가?' 하는 실용성에 관한 연구논문이 접수되었고,

✦ 일본으로부터는
'세계 각국이 코끼리에 관해 어떤 연구를 발표했는지'에 관한 연구논문이 이 접수되었고,

✦ 한국으로부터는
'코끼리 똥이 정력증진과 보약에 미치는 영향'에 관한 연구논문이 접수되었다.

❖ 다양성은 창의성을 향한 강력한 힘이다.
- 마이클 아이즈너

좋은 뉴스와 나쁜 뉴스

어느 날, 신이 세계 대통령 3명을 불러놓고 다음과 같이 경고했다.
"앞으로 3개월 후면 지구의 종말이 온다."
그러자 다음날,

◇ 미국 대통령은 백악관으로 각료들을 불러 모아 다음과 같이 말했다.
"좋은 뉴스와 나쁜 뉴스가 각각 하나씩 있다. 좋은 뉴스는 이 세상에 신이 존재한다는 것이고, 나쁜 뉴스는 3개월 후면 지구의 종말이 온다는 것이다."

◇ 러시아 대통령은 크레믈린에 각료들을 불러 모아 다음과 같이 말했다.

"나쁜 뉴스가 두 가지 있다. 하나는 이 세상에 신이 존재한다는 것이고, 다른 하나는 3개월 후면 지구의 종말이 온다는 것이다."

◈ 한국 대통령은 청와대에 각료들을 불러 모아 다음과 같이 말했다.
"좋은 뉴스가 두 가지 있다. 하나는 내가 미국대통령, 러시아 대통령과 함께 지구의 대표자로 신을 만난 것이고, 다른 하나는 3개월 후면 야당 놈들도 모두 이 지구상에서 사라진다는 것이다."

> ❖ 세상에는 총괄힘이 있는데
> 어리석은 사람이 총괄함을 다툰다.
> 세상에는 거느림이 있는데
> 탁한 사람이 거느림을 다툰다.
>
> - 격치고

나라별 관심 분야

화성을 탐사하던 지구인 탐험대가 화성인을 만나 그의 집에 초대되었다.
화성인이 각자 한 가지씩 궁금한 점에 대해 질문을 받겠다고 하자,

✦ 영국인은
화성의 정치제도에 관한 질문을 했고,

✦ 프랑스인은
화성인의 패션과 요리에 관한 질문을 했고,

✦ 미국인은
화성인의 섹스에 관한 질문을 했고,

✦ 브라질인은
화성인의 축구실력에 관한 질문을 했고,

✦ 일본인은
화성의 지진발생 대책에 관한 질문을 했고,

✦ 한국인은
화성인의 조기교육에 관한 질문을 했다.

❖ 제대로 질문할 줄 아는 능력이야말로
가장 중요한 정보수집 기술이다.

- 짐 파커

나라별 행복의 순간

영국, 프랑스, 독일, 한국 이렇게 네 나라 사람에게 어느 때 가장 행복하냐고 물었다.
그러자,

◇ 영국인은
단풍이 아름다운 가을 주말, 시골 별장에 친구들을 초대해 놓고 사냥이야기를 할 때가 가장 행복하다고 대답했고,

◇ 프랑스인은
화창한 봄날, 노트르담 수목원으로 소풍을 가기 위해 빵, 포도주, 치즈 등을 챙겨 약속 장소인 센 강변에서 애인을 만날 때가 가장 행복하다고 대답했고,

◈ 독일인은
행복이란 소유 또는 만족을 욕망으로 나눈 값이라고 정의 할 때가 가장 행복하다고 대답했고,

◈ 한국인은
뜨거운 욕탕에 들어가 '아~시원하다!' 라고 말할 때가 가장 행복히다고 대답했다.

❖ 행복은 입맞춤과 같다.
행복을 얻기 위해서는 누군가에게 행복을 주어야만 한다.
- 디어도어 루빈

각국 철학자들이 말하는 인생의 의미

각국 철학자들을 모아놓고 인생의 의미에 대해 자유롭게 말해보라고 했다.
그러자,

◇ 미국 철학자는
'인생이 우리를 위해 무엇을 해 줄 것인가를 묻지 말고, 우리가 인생을 위해 무엇을 할 것인가를 생각해야한다.' 라고 말했고,

◇ 영국 철학자는
'인생은 사느냐 죽느냐 그것의 문제로다.' 라고 말했고,

◇ 프랑스 철학자는
'우리는 인생에 대해 생각한다. 고로 존재한다.' 라고 말했고,

✧ 독일 철학자는
'우리는 인생의 의미를 말하기 전에 순수인생비판부터 해야 한다.' 라고 말했고,

✧ 그리스 철학자는
'우리는 우리 자신을 알고 나서 인생을 논해야 한다.' 라고 말했고,

✧ 한국 철학자는
'인생은 널리 인간을 이롭게 하기 위해 살아가는 것이다.' 라고 말했다.

❖ 인생은 눈물을 흘리며 양파 껍질을 벗기는 것과 같다.
- 프랑스 속담

후손에게 물려줘야 할 덕목들

UN 소속의 한 조사원이 각 나라 사람들에게 '인류가 후손에게 물려줘야 할 가장 중요한 덕목은 무엇입니까?' 라고 물었다.
그러자,

✦ 미국인은
'개척정신'이라고 대답했고,

✦ 영국인은
'신사도정신'이라고 대답했고,

✦ 프랑스인은
'탐미정신'이라고 대답했고,

✦ 독일인은
'근면성'이라고 대답했고,

✦ 스위스인은
'신용정신'이라고 대답했고,

✦ 이스라엘인은
'애국심'이라고 대답했고,

✦ 인도인은
'비폭력정신'이라고 대답했고,

✦ 중국인은
'중용'이라고 대답했고,

✦ 일본인은
'단결심'이라고 대답했고,

✦ 한국인은
'은근과 끈기' 라고 대답했다.

❖ 인간이 갖추어야 할 최고의 덕목 네 가지는 무엇이 필요한지를 아는 '식견'과 자신이 보고 생각한 것을 대중에게 설명할 수 있는 '능력'과 자신이 속한 공동체에 대한 '사랑'과 물질적 욕심으로부터 벗어나는 '절제'이다.
- 페리클레스

각국 학생들의 대답

서울에 있는 한 국제학교에서 한국어 교수가 각국 학생들에게 '노랗다'와 '노리끼리하다'라는 말의 차이점을 잘 이해할 수 있겠느냐고 물었다.
그러자,

⟡ 프랑스 학생은
'알쏭달쏭' 하다고 대답했고,

⟡ 독일 학생은
'애매모호' 하다고 대답했고,

⟡ 중국 학생은
'아리송' 하다고 대답했고,

✧ 일본 학생은
'아리까리' 하다고 대답했고,

✧ 자메이카 학생은
'알딸딸' 하다고 대답했고,

✧ 가봉 학생은
'긴가민가' 하다고 대답했다.

❖ 언어란 사고의 토대이고, 사고는 감정의 영역이다.
- 데이비드 리버만

언어별 효율성

만약 당신이
다국어에 능하다면,

✦ 독일어로는 철학을 논하고,

✦ 프랑스어로는 사랑을 속삭이고,

✦ 영어로는 연설을 하고,

✦ 히브리어로는 예배를 드리고,

✦ 러시아어로는 말(馬)을 야단치고,

✦ 중국어로는 허풍을 떨고,

✦ 티벳어로는 염불을 외고,

✦ 일본어로는 접대를 하고,

✦ 한글로는 시를 짓는 것이

가장 효율적이다.

❖ 애국심이란 그대가 그 나라에 태어났기 때문에
그 나라가 다른 어떤 나라보다
고귀하고 우월하다고 믿는
그대의 신앙이다.

- 조지 버나드 쇼

나라별
가장 아름다운 말

나라별로
가장 아름다운 말은

✧ 프랑스어로는 '즈 뗌므!'이고,

✧ 독일어로는 '이히 리베 디히!'이고,

✧ 이탈리아어로는 '띠 아모!'이고,

✧ 러시아어로는 '야 바스 류블류!'이고,

✧ 중국어로는 '워 아이 니!'이고,

✧ 일본어로는 '아이시떼이루!'이고,

❖ 영국어로는 '아이 러브 유!'이고,

❖ 한국어로는 '사랑해!'이고,

❖ 화성어로는 '삐리리'이고,

❖ 금성어로는 '&%@#'이다.

❖ 훌륭한 말의 문법은 사리분별력이다.
- 세르반테스

피사의 사탑에 대한 나라별 반응

각국 사람들이 함께 패키지로 피사의 사탑 관광을 갔다.
그러자 기울어진 사탑을 보고,

✦ 프랑스인은
'피카소 같은 천재 예술가가 세운 게 틀림없어!' 라고 말했고,

✦ 독일인은
'아니, 측량도 안 해보고 세우다니!' 라고 말했고,

✦ 이라크인은
'이크, 이거 호크미사일 공격을 받았군!'이라고 말했고,

✦ 중국인은
'이거 도대체 중심을 못 잡는군!'이라고 말했고,

✦ 일본인은
'여기도 지진이 났었네!' 라고 말했고

✦ 한국인은
'어떤 놈이 건축비 빼돌리고 부실공사 했노!' 라고 말했다.

❖ 그래도 지구는 돈다.
- 갈릴레오 갈릴레이

각국인을 향한
어느 호텔의 경고문

국제관광박람회가 열리는 어떤 도시의 호텔 게시판에 다음과 같은 경고문이 나붙었다.

✧ 미국인 당신들은
밤에 신원 미상의 여자를 객실로 끌어들이지 마시오.

✧ 영국인 당신들은
너무 고상한척 하지 마시오.

✧ 이탈리아인 당신들은
제발 객실 비품 좀 집어가지 마시오.

✧ 러시아인 당신들은
술 좀 작작 마시시오.

✧ 중국인 당신들은
다른 손님들도 있으니 제발 조용히 좀 하시오.

✧ 일본인 당신들은
떼로 몰려다니며 아무 데서나 사진 좀 찍지 마시오.

✧ 한국인 당신들은
그놈의 '고!' 소리 좀 살살 지르시오.

❖ 용기는 있으나 예절이 없다면 결국 혼란이 온다.
- 공자

인터내셔널 바에서 1

인터내셔널 바에서 각국 사람들이 한 잔씩 하는데, 그들의 각 맥주잔에 파리가 한 마리씩 빠졌다. 그러자,

✦ 미국인은
물끄러미 맥주잔을 바라보다가 고소를 하겠다고 사진을 찍었고,

✦ 영국인은
말없이 밖으로 나가버렸고,

✦ 프랑스인은
술잔의 맥주를 바닥에 쏟아버렸고,

✦ 이탈리아인은
술잔 속의 파리를 집어낸 다음 맥주를 마셨고,

✦ 중국인은
멍하니 있다가 맥주를 그냥 통째로 마셔버렸고,

✦ 일본인은
중국인이 하는 짓을 보고 나서 자신의 술을 중국인에게 팔았고,

✦ 한국인은
배상을 하라며 술집을 뒤엎어 버렸다.

❖ 약자는 상황(여론)을 겁내고,
어리석은 자는 상황을 거부하고,
현자는 상황을 판단하고,
유능한 자는 상황을 좌우한다.

- 로란

인터내셔널 바에서 2

인터내셔널 바에서 각국 사람들이 한 잔씩 하는데, 그들의 각 맥주잔에 파리가 한 마리씩 빠졌다. 그러자,

◈ 스위스인은
재빨리 파리를 건져낸 다음 살릴 방법을 모색했고,

◈ 인도인은
손가락으로 파리를 맥주 속에 더욱 깊이 집어넣었고,

◈ 맥시코인은
거품 위의 파리를 입으로 후후 불어낸 뒤에 맥주를 마셨고,

❖ 인디언은
맥주와 함께 파리를 마셔버렸고,

❖ 유태인은
조심스럽게 맥주를 마신 다음 파리를 인디언에게 팔았다.

❖ 어리석은 행위의
제1단계는 자기 자신의 현명함에 도취하는 것이며,
제2단계는 그것을 고백하는 것이고,
제3단계는 충고를 경멸하는 것이다.

- 벤저민 프랭클린

각국 경찰의 수사력

세계 각국의 경찰 수사력을 측정하는 대회가 열렸다. 경기 방법은 야산에 쥐 한 마리를 풀어놓고 다시 잡아들이는 경기였다.
그러자,

✦ 미국 FBI는 인공위성과 아파치헬기와 열추적장치 등 첨단 무기를 동원하여 반나절 만에 너덜너덜해진 쥐의 시체를 끌고 왔다.

✦ 중국 공안 경찰은 수십만 명의 경찰을 풀어 이틀 만에 쥐 모양의 병마용 인형 수백 개를 끌고 왔다.

✦ 일본 경찰은 가미가제 특공대를 조직하여 무차별 공격을 가함으로써 하루 만에 두 동강 난 쥐의 시체를 가지고 왔다.

✦ 한국 경찰은 이틀 만에 나타났는데 쥐를 잡은 것이 아니라 빨간 머리띠를 두른 족제비를 끌고 왔다. 심판관이 쥐는 어디 있느냐고 묻자 한국 경찰은 모든 언론이 이 족제비가 쥐라고 보도하기에 체포해 왔다고 대답했다.

❖ 기강은 제 스스로 서는 것이 아니라
반드시 현명한 사람이 세워야 비로소 서며,
기강은 제 스스로 시행되는 것이 아니라
반드시 공도가 확립 되어야 비로소 시행된다.

\- 이언적

한·미·일의 통신기술 수준

◇ 미국 과학자들이 지하 10미터를 파 내려가다가 작은 구리조각 하나를 발견했다. 그러자 미국정부는 즉각 '미국은 2만 년 전에 이미 전국적인 전화망을 가지고 있었다.' 라고 발표했다.

◇ 미국정부의 행태에 자존심이 상한 일본정부는 과학자들을 시켜 지하 20미터를 파보라고 했다. 땅을 파던 과학자들이 작은 유리조각 하나를 발견하자 일본정부는 즉각 '일본은 이미 2만 5천 년 전에 전국적인 광통신망을 가지고 있었다.' 라고 발표했다.

❖ 일본정부의 행태에 화가 난 한국정부는 과학자들에게 지하 30미터를 파 보라고 했다. 그런데 과학자들은 아무 것도 발견하지 못했다. 그러자 한국정부는 즉각 '한국은 이미 3만 년 전에 무선 통신망을 가지고 있었다.' 라고 발표했다.

❖ 기술이 고도로 발전하면 마술과 구별되지 않는다.
- 아서 클라크

각국 남자들의 넥타이 고르는 법

각국 남자들이 함께 백화점에 가서 넥타이를 고르게 되었다.

✦ 미국 남자가 물었다.
"이거 세계에서 가장 좋은 건가요?"

✦ 영국 남자가 물었다.
"이거 품위 있는 겁니까?"

✦ 프랑스 남자가 물었다.
"이거 요즘 유행하는 겁니까?"

✦ 독일 남자가 물었다.
"이거 얼마나 오래 맬 수 있죠?"

✦ 일본 남자가 물었다.
"이거 얼마나 깎아 줄 수 있나요?"

✦ 한국 남자가 물었다.
"이거 진짭니까 가짭니까?"

❖ 어떤 남성에게 당신의 넥타이가 맘에 든다고 말해보라.
그의 자존심이 금방 꽃처럼 활짝 피어날 것이다.

- 마라 백작 부인

각 나라 여자들의 서로 다른 충고

◇ 국제적인 한 사교클럽에서 인색한 스코틀랜드 여자가 각 나라 여자들에게 '우리 집 가정부가 툭 하면 접시를 깨뜨리는데 어떻게 해야 좋을지 모르겠어요.' 라고 푸념을 늘어놓았다.
그러자,

◇ 돈 많은 미국 여자는
접시를 여분으로 더 사놓으라고 충고했고,

◇ 합리적인 독일 여자는
가정부의 급료에서 접시 값을 공제하라고 충고했고,

❖ 서슴없는 프랑스 여자는
그녀를 해고하라고 충고했고,

❖ 인정 많은 한국 여자는
가정부의 급료를 올려주라고 충고했다.

❖ 진실을 사랑하고 실수를 용서하라.

- 볼테르

나라별
두 남자와 한 여자

배가 난파당해 표류하다 두 명의 남자와 한 명의 여자가 가까스로 살아남아 무인도에 살게 되었다고 가정하자. 그들은 어떻게 할까?

✦ 세 사람 모두 영국인이라면
두 남자가 앞 다투어 여자에게 자신의 가문과 전통에 대해 자랑하기 시작하고,

✦ 세 사람 모두 프랑스인이라면
여자가 연장자인 남자와 결혼한 다음 다른 남자와 바람을 피우고,

✦ 세 사람 모두 이탈리아인이라면
여자를 앞에 두고 두 남자가 결사적인 쟁탈전을 벌이고,

✦ 세 사람 모두 러시아인이라면
여자가 사랑하지 않는 남자와 결혼 뒤, 셋이서 하염없이 바다를 바라보며 한숨짓고,

✦ 세 사람 모두 한국인이라면
여자가 한 남자와 결혼하지만 이내 그를 사랑하지 않아 다른 남자를 마음속으로 연모하기 시작한다.

❖ 무인도에서 신사적으로 행동할 수 있는 사람은
참된 인간이다.
- 에머슨

각국 여자들의 반응

각 나라 여자들에게 '배가 난파하여 표류하다 외딴 섬에 상륙했는데 그곳에는 이성에 굶주린 수십 명의 사내들이 있었습니다. 당신은 어떻게 하시겠습니까?' 라는 질문이 주어졌다.
그러자,

✦ 미국 여자는
멋진 근육질 남자를 찾겠다고 대답했고,

✦ 영국 여자는
남자들을 피해 숨을 곳을 찾겠다고 대답했고,

✦ 독일 여자는
함께 행군할 것이라고 대답했고,

✦ 프랑스 여자는
'도대체 문제가 되는 게 뭐죠?' 라고 반문했고,

✦ 한국 여자는
돈 많고 잘 생긴 남자를 찾겠다고 대답했다.

❖ 여자는 돈 없는 남자보다 남자 없는 돈을 더 좋아한다.
- 그리스 속담

괴한들이 휩쓸고 지나간 이후

각국 여자들이 함께 생활하는 기숙사에 괴한들이 침입하여 그녀들의 정조를 유린한 뒤 휩쓸고 지나갔다.
그러자,

◇ 영국 여성은
소문이 퍼질 것을 두려워했고,

◇ 독일 여성은
깨끗이 잊고 재기할 것을 다짐했고,

✧ 프랑스 여성은
별로 신경 쓰지 않았고,

✧ 미국 여성은
도망가는 괴한들을 향해 휘파람을 불며 '연락번호는 어떻게 되어요?' 하고 소리쳤고,

✧ 한국 여성은
책임지라며 짐 보따리를 들고 그들의 뒤를 쫓아갔다.

❖ 사랑이 변해 생긴 증오처럼 맹렬한 것은 없으며, 경멸당한 여성의 분노처럼 격렬한 것은 지옥에서조차 없다.

- 윌리엄 콩그리브

한 사람,
두 사람,
세 사람 (영국인)

✦ 한사람의 영국인, 그는 신사라고 한다. 늘 안개가 끼고 툭하면 비가 오는 날씨 때문인지 그는 혼자일 때 집 안에 틀어박혀 조용히 독서를 하거나 사색을 하며 지낸다. 과묵하고 쉽게 흥분하지도 않으며 전통과 실용을 중시하기 때문에 위대한 실용주의자들 중에는 영국 출신들이 많다.

✦ 두 사람의 영국인, 그들은 스포츠를 한다. 일찌감치 산업화에 성공해서 먹고사는 문제로부터 해방된 그들은 둘 이상 모이면 여가와 스포츠를 즐긴다. 그래서 테니스, 골프, 탁구, 배드민턴 등 유명 스포츠는 대부분 영국에서 유래했다.

✦ 세 사람의 영국인, 그들은 대영제국을 만든다. 세계 곳곳에 식민지를 만들어 '해가 지지 않는 나라'라고 불렸던 그들. 공지기나 하고 노는 바보들 같았지만 단결과 실용을 바탕으로 세계사에 커다란 족적을 남겼다.

❖ 영국 국가(國歌)는
'신이여 우리의 여왕(국왕)을 지켜 주소서
(God Save the Queen(King)'이다.

한 사람,
두 사람,
세 사람 (프랑스인)

◈ 한 사람의 프랑스인, 그는 자유로운 영혼이라 한다. 활달한 성격에 세련된 감각과 날카로운 지성 그리고 유머감각까지 갖춘 프랑스인. 그래서 위대한 예술가나 문인들 중에는 프랑스 출신들이 많다.

◈ 두 사람의 프랑스인, 그들은 연애를 한다. 자유로운 영혼 둘이 만나면 열정적이고 로맨틱한 사랑에 빠진다. 그래서 프랑스하면 무조건 낭만적인 사랑을 떠올리는 사람들도 적지 않다.

❖ 세 사람의 프랑스인, 그들은 혁명을 일으킨다. 얽매이기를 싫어하는 자유로운 영혼들은 때로는 반항적이다. 그래서 그들은 세계 최초로 왕권에 도전하여 혁명을 일으켰으며, 이것을 프랑스대혁명이라고 한다.

❖ 프랑스 국가(國歌)는 '라 마르세예즈(La Marseillaise:마르세유 군단의 노래)'이다.

한 사람, 두 사람, 세 사람 (독일인)

✦ 한 사람의 독일인, 그는 천재라고 한다. 차분하고 냉정한 성격에 학문을 숭상하는 분위기, 이런 속에서 과학과 철학의 큰 발전이 이루어졌다. 그래서 세계적인 과학자와 철학자 중에는 독일 출신이 많다.

✦ 두 사람의 독일인, 그들은 조직을 만든다. 일사불란하고 체계적인 것을 좋아하는 그들은 둘 이상 모이면 조직을 형성하여 움직인다.

✦ 세 사람의 독일인, 그들은 전쟁을 일으킨다. 그들의 일사불란한 조직은 너무 강대지면 호전적인 집단주의로 바뀌어 큰일을 저지르기도 한다. 제1, 2차 세계대전은 모두 독일인이 일으켰다.

❖ 독일 국가(國歌)는
'독일 황제 찬가(Deutschlandlied)'이다.

한 사람,
두 사람,
세 사람 (중국인)

❖ 한사람의 중국인, 그는 수완 좋은 상인이라 한다. '비단이 장수 왕서방'이란 말은 결코 빈말이 아니다. 능란한 상술과 근면을 바탕으로 전 세계에 화교상권을 구축한 이들은 겉모습은 꼬질꼬질해도 실제로는 대단한 알부자들이 많다. 그러나 의심이 많고 배타적인 면도 없지 않아 역사적으로 주변국들로부터 큰 존경은 받지 못했다.

✧ 두 사람의 중국인, 그들은 가족계획을 한다. 13억 7천의 인구대국, 이들에게 있어 가족계획은 명랑국가 건설을 위한 필수조건이다.

✧ 세 사람의 중국인, 이들은 중화사상에 빠진다. 역사적으로 사서삼경, 성선설, 성악설, 무위자연설, 삼국지, 수호지, 만리장성 등 많은 업적을 남겼지만, 이제는 자기중심적 사고에서 빠져나와 인류 정의와 사랑에 눈을 떠야 할 때다.

❖ 중국 국가(國歌)는
'의용군행진곡(義勇軍行進曲)'이다.

한 사람,
두 사람,
세 사람 (일본인)

✦ 한사람의 일본인, 그는 쪼다라고 한다. 거대한 경제공룡 일본, 그러나 그 속에서 살아가는 개개인의 실상은 너무나 초라하다. 일단 외모부터 키도 작고 덧니 투성이의 얼굴은 못난이 인형 같고 머리도 한국인보다 나쁘다. 그저 굽실굽실 고분고분… 덕분에 아주 예의바른 사람이란 소리를 듣지만, 혼자서는 워낙 소심하고 주눅이 들어있어서 그런 것이다.

✦ 두 사람의 일본인, 그들은 모방을 한다. 우수한 기술이나 제품들이 많지만 그것은 모두 모방해서 발전시킨 것이다. 심지어 남녀 간의 사랑도 프랑스나 미국을 따라하고, 장난감 로봇이나 만화가 발달

한 것도 가상현실 속에서 모방하기를 좋아하기 때문이다.

✦ 세 사람의 일본인, 그들은 대영제국을 흉내 내서 어쩌다 대일본제국이라고 하긴 했는데, 워낙에 쪼다들이라 원자폭탄 두 방 맞고 폭삭했다. 요즘은 한국에 시비 거는 재미로 사는데 한국은 언제나 축구나 피겨스케이팅으로 그들의 기를 완전히 꺾어 놓는다.

❖ 일본 국가(國歌)는
'기미가요(君が代 : 천황의 치세는 영원히)'이다.

한 사람,
두 사람,
세 사람 (한국인)

◇ 한사람의 한국인, 그는 전인적인 영재라고 한다. 옛날이나 지금이나 한국인의 영원한 교육이념은 전인교육이다. 국가에 충성하고 부모에게 효도하는 것은 기본이거니와 명석한 두뇌를 바탕으로 어려서부터 많은 것을 배워서 못하는 것이 없다. 인물 준수하고 공부도 잘하는데다 피아노, 태권도, 수영, 골프, 컴퓨터, 바둑, 전자오락 등 한국인은 세계 어디 내놔도 절대 뒤지지 않는다.

◇ 두 사람의 한국인, 그들은 피 튀기는 경쟁을 한다. 모두가 잘나다 보니 자기보다 더 잘난 사람을 눈뜨고 못 본다. 늘 독불장군식 개성으로 인해 둘 이상 모이면 서로 경쟁을 하는데 간혹 경쟁이 과열

되어 피 튀기는 싸움으로 번지기도 한다.

✧ 세 사람의 한국인, 그들은 고스톱을 친다. 둘이 피 튀기는 싸움을 벌이다가도 광 팔 사람만 있으면 사이좋게 둘러앉아 고스톱을 친다. 그러다가 속였느니 어쨌느니 하면서 더 심각하게 싸우는 수도 있다. 그렇지만 한강의 기적을 일궈낸 민족인 만큼 이제는 백두산의 정기와 한라산의 정기를 모아 한반도의 기적을 일궈낼 차례다.

❖ 한국의 국가(國歌)는
'애국가(愛國歌 : 나라 사랑의 노래)'이다

제 2 장
각국인의 인생 목표

● 국민성 품자 유머 지구촌 천태만상 ●

그릇과 국민성

국민성을 그릇에 비교해 보자.

✦ 영국인은
놋쇠 솥과 같아서 화끈 달아오르지도 않고 달아오른다 하더라도 겉으로는 얼마나 뜨거운지 알 수 없고,

✦ 프랑스인은
스텐 냄비와 같아서 화끈하게 달아올랐다가 맵시 있게 식고,

✦ 중국인은
돌솥과 같아서 달구기는 어렵지만 한 번 뜨거워지면 좀처럼 식지 않고,

✦ 한국인은
양은냄비와 같아서 쉽게 달아오르고 쉽게 식으며
모든 게 달아올랐을 때 그때뿐이다.

❖ 나약한 민족은 그 민족의
강력한 사람들을 나약하게 만들고,
강력한 민족은 그 민족의 나약한 사람들을
강력하게 만든다.

- 칼릴 지브란

나라별
단위정서

정서는 그 나라의 운명을 결정짓는다.

✧ 모든 미국인은
국가적 우월감을 지니고 있고,

✧ 모든 영국인은
연방적 자긍심을 지니고 있고,

✧ 모든 프랑스인은
개인적 운명감을 지니고 있고,

✧ 모든 독일인은
민족적 사명감을 지니고 있고,

✧ 모든 한국인은
가족적 소명감을 지니고 있다.

❖ 문명이란
개인과 개인을 결합시키고,
그 다음엔 가족과 가족, 인종과 인종, 국민과 국민,
국가와 국가를 결합시켜
하나의 커다란 인류 통일체를 형성하는 과정이다.
- 지그문트 프로이드

나라별 성공 방식

어떻게 하면 성공할 수 있을까?

✦ 영국에서 성공하려면
독일식으로 일을 해야 하고,

✦ 독일에서 성공하려면
미국식으로 일을 해야 하고,

✦ 미국에서 성공하려면
일본식으로 일을 해야 하고,

✦ 프랑스에서 성공하려면
프랑스식으로 일을 해야 하고,

✦ 베트남에서 성공하려면
한국식으로 일을 해야 하고,

✦ 한국에서 성공하려면
정치가식으로 일을 해야 한다.

❖ 만족하게 살고 때때로 웃으며,
많이 사랑한 사람이 성공한 사람이다.

- A.J 스탠리

나라별 몰림 현상

몰림은 국가 상태를 반영한다.

◇ 영국에서는
가장 꿈이 없는 젊은이들이 공무원이 되고,

◇ 러시아에서는
가장 꿈이 많은 젊은이들이 공무원이 되고,

◇ 미국에서는
가장 머리 좋은 인재들이 기업계에 몰리고,

◇ 프랑스에서는
가장 창조적인 인재들이 예술계에 몰리고,

◇ 일본에서는
가장 쓸모없는 인재들이 오락실에 몰리고,

◇ 한국에서는
가장 쓸모없는 인재들이 정치계에 몰린다.

❖ 원칙 없는 정치, 노동 없는 부자, 도덕성 없는 상업,
인격 없는 교육, 양심 없는 쾌락, 희생 없는 신앙,
인간성 없는 과학은 나라를 망친다.

- 마트마 간디

나라별 인물 부재

✦ 미국인 중에
세계적인 철학자 없고,

✦ 영국인 중에
세계적인 음악가 없고,

✦ 프랑스인 중에
세계적인 모럴리스트 없고,

✦ 독일인 중에
세계적인 코미디언 없고,

✦ 일본인 중에
세계적인 자선사업가 없고,

✦ 한국인 중에
세계적인 외교관 없다.

✤ 위인이 될 수 있는 자는
역경에 처해도 불만을 품지 않고,
영달을 해도 지나치게 기뻐하지 않고,
실패를 해도 좌절하지 않고,
성공을 해도 자만하지 않는다.

- 장자

나라별 최고와 최저

◇ 전통에 관해서는
최고의 미국인이 최저의 영국인만 못하고,

◇ 종교에 관해서는
최고의 영국인이 최저의 독일인만 못하고,

◇ 정치에 관해서는
최고의 독일인이 최저의 영국인만 못하고,

✧ 허풍에 관해서는
최고의 한국인이 최저의 중국인만 못하고,

✧ 사상에 관해서는
최고의 일본인이 최저의 한국인만 못하다.

❖ 최고에 도달하려면 최저에서 시작하라.

- P. 시루스

나라별 허가와 금지

✦ 독일에서는
허가되지 않은 것 외에는 모두 금지되어 있고,

✦ 프랑스에서는
금지되어 있는 것 외에는 모두 허가되어 있고,

✦ 러시아에서는
허가되어있는 것도 때에 따라서는 금지되고,

✦ 한국에서는
허가되는 것과 금지되는 것이 수시로 바뀐다.

❖ 오른손으로 원을 그리고 왼손으로 사각형을 그리면,
양쪽 모두 이루어지지 않는다.

- 한비자

나라별 꿈과 이상

✧ 중국 사람들의 꿈과 이상은
중화사상 속에 있고,

✧ 인도 사람들의 꿈과 이상은
선과 악의 개념 속에 있고,

✧ 유대 사람들의 꿈과 이상은
종교적인 계시 속에 있고,

✧ 한국 사람들의 꿈과 이상은
대의명분 속에 있다.

❖ 진정으로 강한 사람은
치열하면서도 온화해야한다.
또한 이상주의자이면서 현실주의자이어야 한다.
- 마르틴 루터

나라별
상류층의 조건

✦ 미국인의 상류층의 조건은
여행, 야구, 요트, 골프 등 여가생활에 관한 것들이고,

✦ 영국인의 상류층의 조건은
페어플레이, 아량, 지식, 정의 등 인간 품성에 관한 것들이고,

✦ 프랑스인의 상류층의 조건은
외국어, 스포츠, 악기, 요리 등 멋에 관한 것들이고,

✦ 일본인의 상류층의 조건은
주식, 연봉, 연금 등 경제에 관한 것들이고,

✦ 한국인의 상류층의 조건은
땅, 아파트, 고급차, 명품 등 소유에 관한 것들이다.

❖ 어떤 사나이가 무거운 금덩이를 허리에 차고
바다에 가라앉아 죽었다면,
그가 금을 소유한 것인가, 금이 그를 소유한 것인가?

- 존 러스킨

나라별 달리는 방식

✧ 영국인은
일단 달리면서 달리는 이유와 효과적으로 달리는 방법을 생각하고,

✧ 프랑스인은
무턱대고 달린 다음 목적지에 이르러서는 '내가 왜 달려왔지?' 하고 반문하고,

✧ 독일인은
출발점에서 내가 왜 달려야하며, 어떻게 달려야 하는지를 생각한 다음 달리고,

✧ 일본인은
달리면서 옆사람 눈치를 보아 오와 열을 맞춰 달리고,

✧ 한국인은
남이 달리니까 덩달아 달리면서 무조건 1등을 하고 보자는 식이다.

❖ 삶을 살아가는데 있어
절대적으로 가장 좋은 방법이라는 것은 없다.
때와 경우에 따라서 방법을 달리할 수가 있어야 한다.
그러나 사람들은 자신의 방법에 애착이 심하여
그 테두리를 쉽게 벗어나지 못한다.

- 몽테뉴

나라별 관계 양태

✦ 미국인은
서로 친해지기 쉽지 않지만 일단 친해지면 합리적이고,

✦ 프랑스인은
서로 친해지기 쉽지 않지만 일단 친해져도 개인플레이를 하고,

✦ 중국인은
서로 친해지기 쉽지 않지만 일단 친해지면 오래가고,

✦ 일본인은
서로 친해지기 쉽지만 친해져도 그 속내를 알 수 없고,

✦ 한국인은
서로 친해지기 수운데다 친해지면 곧 형님, 아우, 언니, 동생으로 발전한다.

❖ 낙(樂)이란 같아짐을 위한 것이요,
예(禮)란 달라짐을 위한 것이다.
같아지면 친해지고, 달라지면 공경하게 된다.
- 논어

나라별 음식 문화

음식에 대한 태도는 그 나라 국민성을 반영한다.
음식을 먹을 때,

✧ 독일인은
양을 중요시하고,

✧ 프랑스인은
질을 중요시하고,

✧ 영국인인은
매너를 중요시하고,

◇ 중국인은
향을 중요시하고,

◇ 일본인은
모양을 중요시하고,

◇ 한국인은
보신을 중요시한다.

❖ 세상에서 가장 훌륭한 음식은 허기이다.

- 세르반테스

나라별 쇠고기 활용률

✦ 일본인은
소 한 마리를 19등분해서 먹는데
전체의 50%를 먹고,

✦ 프랑스인은
소 한 마리를 25등분해서 먹는데
전체의 60%를 먹고,

✦ 한국인은
소 한 마리를 38등분해서 먹는데
전체의 85%를 먹는다.

❖ 그들이 입을 옷을 만들지 않고,
그들이 먹을 식량을 재배하지 않고,
그들이 마실 포도주를 짜지 않는 민족은 슬플 지어다.
- 칼릴 지브란

나라별 음주 습관

✧ 미국인은
위스키를 마시고 취하면 시키지도 않은 즉흥연설을 늘어놓고,

✧ 영국인은
럼주를 마시고 잘 취하지도 않으면서 안주만 축내고,

✧ 프랑스인은
와인을 마시고 취하면 무턱대고 춤을 추고,

✧ 독일인은
맥주를 조끼로 마시고 취하면 마냥 노래를 부르고,

✧ 이탈리아인은

두서없이 포도주를 마시고 취하면 자기 자랑을 늘어놓고,

✧ 러시아인은

보드카를 병째 마신 뒤 계속 더 마시자고 중얼거리고,

✧ 한국인은

소주를 마시고 취하면 패거리를 지어 2차 가자고 우겨댄다.

> ✧ 사이좋은 투사와 같이 술과 인간은 끊임없이 싸우고,
> 끊임없이 화해한다.
> 그리고 진편이 언제나 이긴 편을 포용한다.
>
> - 보도렐

나라별 음주 방법

✦ 위스키의 향기로움을 좋아하는 영국인은
코로 술을 마시고,

✦ 와인의 달콤함을 좋아하는 프랑스인은
혀로 술을 마시고,

✦ 맥주의 시원함을 좋아하는 독일인은
목구멍으로 술을 마시고,

✦ 소주의 알싸함을 좋아하는 한국인은
가슴으로 술을 마신다.

> ❖ 사람들은 다섯 가지 이유로 술을 마신다.
> 축제일이기 때문에
> 갈증을 해소하기 위해서
> 미래를 거부하기 위해서
> 좋은 술을 찬양하기 위해서
> 그리고 마지막으로 어떤 이유에서든!
> - 프리드리히 뤼케르트

나라별
술과 국민정서

◇ 미국인은
칵테일처럼 화려하게 혼합된 다양성을 지니고 있고,

◇ 영국인은
위스키처럼 투명한 지성을 지니고 있고,

◇ 프랑스인은
포도주처럼 달콤한 감성을 지니고 있고,

◇ 독일인은
맥주처럼 끓어오르는 힘을 지니고 있고,

◇ 중국인은
고량주처럼 천천히 취하는 만만디를 지니고 있고,

◇ 한국인은
소주처럼 독한 오기를 지니고 있다.

❖ 술은 비와 같다.
즉 진흙 속에 내리면 진흙을 더욱 더럽게 하지만,
옥토에 내리면 옥토를 더욱 아름답게 하고 꽃을 피게 한다.

- J. 헤이

나라별 건배 용어

- 미국인은 '치어스!'
- 캐나다인은 '토스트!'
- 프랑스인은 '아보뜨르쌍떼!'
- 독일인은 '프로스트!'
- 러시아인은 '스하로쇼네!'
- 중국인은 '칸페이!'
- 일본인은 '간빠이!'
- 한국인은 '건배!' 그리고 '위하여!'

❖ 우리는 서로의 건강을 위해 건배를 하고
자신의 건강을 해친다.

- J.K 제롬

나라별
연애 소설의 특징

✧ 영국의 연애소설은
처음부터 남자와 여자가 서로 사랑하지만
결국 두 사람의 사랑이 성취되지 못한다는 얘기
이고,

✧ 프랑스의 연애소설은
처음에는 남녀의 연애가 잘 진행 되가는가 싶더니
어느 순간 두 사람이 각자 다른 상대를 구한다는
얘기이고,

❖ 러시아의 연애소설은

남녀가 처음부터 그리워하고, 그런 상태로 5백 페이지 가량 끌고 가다가 그 때문에 번민한다는 얘기이고,

❖ 한국의 연애소설은

두 남녀가 열렬히 사랑하는데 여자가 백혈병으로 죽고, 남자가 슬픔 속에 방황하다가 다른 여자를 만났는데 불행히도 그녀는 그 남자의 이복동생이라는 얘기이다.

> ❖ 소설이 존재하는 유일한 이유는
> 그것이 인생을 나타내려고 시도하기 때문이다.
> - 헨리 제임스

나라별 연애관

✦ 프랑스인에게 있어 연애는
희극과 같은 것이고,

✦ 영국인에게 있어 연애는
비극과 같은 것이고,

✦ 이탈리아인에게 있어 연애는
오페레타와 같은 것이고,

✦ 독일인에게 있어 연애는
1막의 멜로드라마와 같은 것이고,

✦ 한국인에게 있어 연애는
연속극과 같은 것이다.

> ❖ 여러 학식 있는 학자들이
> 갖가지 기계나 약품을 만들어 냈지만,
> 아직 여성이 원인이 되어 일어나는 병의 약을 만들려는
> 학자는 없었다.
> - 안톤 체홉

나라별 자녀 교육법

함께 길을 가다
어린 자녀가 넘어졌을 때,

◇ 미국인 어머니는
자기 스스로 일어날 때까지 기다려주고,

◇ 독일인 어머니는
스스로 일어나게 한 다음 왜 넘어졌는지 그 원인을
말하게 하고,

◈ 프랑스인 어머니는
네가 넘어졌으니 네가 일어나라고 말하고,

◈ 한국인 어머니는
'아이구 내 새끼!' 하며 얼른 일으켜 세운다.

❖ 자식은 내 것이면서 내 것이 아니다.
내 것이기에 더욱 교육에 의무를 다하여
그들에게 자립할 수 있는 능력을 길러 주어야 하며,
또 내 것이 아니기에 해방시켜
모든 것을 그들 자신의 것으로 해주어야 하고,
하나의 독립인으로 만들어야 한다.

- 노신

나라별 예술 특성

✦ 미국 사람들의 예술은
실용 속에 있고,

✦ 프랑스 사람들의 예술은
분방함 속에 있고,

✦ 독일 사람들의 예술은
절제 속에 있고,

✦ 중국 사람들의 예술은
중용 속에 있고,

✦ 일본 사람들의 예술은
모방 속에 있고,

✦ 한국 사람들의 예술은
기교 속에 있다.

❖ 누구에게나 느닷없이 어느 날 자기 자신이 마땅치 않고
타인에게 짜증나며, 무엇 하나 맘에 드는 게 없을 때가 있다.
예술도 그렇다. 기분이 나쁠 때는 조급해 하지 말아야한다.
충만함이나 본래의 실력은 도망가지 않는다.
나쁠 때에 흠뻑 쉬어 놓으면 좋을 때는 한층 더 좋아지는
법이다.

- 괴테

나라별 당면 과제

◇ 일본에게 주어진 당면 과제는
자위대를 강화하여 군국주의를 부활하는 것이고,

◇ 미국에게 주어진 당면 과제는
제3국가가 핵무기를 못 갖게 하는 것이고,

◇ 북한에게 주어진 당면 과제는
핵무기를 가지는 것이고,

◇ 한국에게 주어진 당면 과제는
착한 방법으로 평화통일을 이룩하는 것이다.

❖ 정의 없는 힘은 폭력적이고, 힘 없는 정의는 무력하다.
- 파스칼

나라별 애국관

애국심이란,

✧ 프랑스인에게는
문화적 자긍심에 대한 사랑이고,

✧ 영국인에게는
왕국에 대한 신사도이고,

✧ 미국인에게는
USA에 대한 자부심이고,

◇ 러시아인에게는
대지에 대한 사랑이고,

◇ 한국인에게는
역사 앞의 명예이다.

❖ 나라에 의가 지켜지지 않으면
비록 클지라도 반드시 망할 것이요,
사람에게 착한 뜻이 없으면 힘이 있을지라도
반드시 상하고 말 것이다.

- 회남자

나라별 여가 활용

한가할 때,

✦ 오스트리아인은
작곡을 하고,

✦ 독일인은
연주를 하고,

✦ 이탈리아인은
노래를 부르고,

✦ 영국인은
노래를 감상하고,

✦ 미국인은
노래 감상료를 지불하고,

✦ 일본인은
잘 감상했다고 인사를 하고,

✦ 한국인은
모여서 노래방에 간다.

❖ 취미는 담박해야 하나 멋이 없어서는 안 되고,
　지조는 엄정해야 하나 과격해서는 안 된다.

- 채근담

나라별
선호 색과 자동차

✦ 청색을 좋아하는 프랑스인은
프랑코 블루의 푸조를 만들었고,

✦ 푸른색을 좋아하는 영국인은
잉글랜드 그린의 재규어를 만들었고,

✦ 은색을 좋아하는 독일인은
저먼 그레이의 아우디를 만들었고,

✦ 빨간 색을 좋아하는 이탈리아인은
이탈리안 레드의 페라리를 만들었고,

✦ 흰색을 좋아하는 한국인은
코리안 화이트의 그랜저를 만들었다.

❖ 푸른 색깔은 쪽에서 나오지만 쪽보다 더 푸르고,
얼음은 물이 만들지만 물보다 더 차다.

- 순자

나라별 분쟁 해결법

외국여행 도중 현지인과 분쟁이 발생했을 때,

✧ 미국인은
자기네 대사관에 쪼르르 달려가서 일러바치고,

✧ 일본인은
무조건 돈으로 해결하려 수작을 부리고,

✧ 중국인은
주변에 있는 모든 중국인들을 불러 모아 떼로 덤비고,

✧ 한국인은
대사관에 알리지만 결국은 혼자서 해결한다.

> ✧ 합한 두 사람은 흩어진 열 사람보다 낫다.
> - W.NL 영안

나라별 독서 취향

✦ 미국인들은
정치 관련 서적을 많이 읽고,

✦ 영국인들은
유명인이 쓴 책을 많이 읽고,

✦ 일본인들은
자기계발서를 많이 읽고,

✦ 프랑스인들은
자기나라 저자가 쓴 책에 애착을 보이고,

✦ 독일인들은
소설책을 좋아하고,

✦ 캐나다인들은
모험관련 책을 좋아하고,

✦ 중국인들은
돈에 관련된 책을 좋아하고,

✦ 한국인들은
분야에 관계없이 무조건 재미있는 책을 좋아한다.

❖ 책은 그것을 읽는 사람에 의해서만 가치가 발견되고,
사물은 그것을 분별하는 사람에 의해서만 귀하게 여겨진다.

- 갈홍

나라별 버스 안 표어

◇ 영국의 버스 안에는
'가급적 운전사와 대화하는 것을 삼가주십시오!'
라고 쓰여 있고,

◇ 독일의 버스 안에는
'승객은 운전사와 잡담하는 것을 금합니다!' 라고
쓰여 있고,

◇ 이탈리아의 버스 안에는
'운전사가 떠들어도 승객은 절대 대답하지 마세요!' 라고 쓰여 있고,

❖ 일본의 버스 안에는
'돌발 시 안전수칙'이 쓰여 있고,

❖ 한국의 버스 안에는
'오늘도 무사히!' 라고 쓰여 있다.

❖ 세상에는 우월한 문화도 열등한 문화도 없다.
다만 살기 위해 적응한 다양한 문화가 있을 뿐이다.

- 클라우드 레바스트로스

나라별 남는 것

✦ 미국인이 지나가면
프로야구가 남고,

✦ 영국인이 지나가면
작위가가 남고,

✦ 프랑스인이 지나가면
사생아가 남고,

✦ 중국인이 지나가면
음식이 남고,

✦ 일본인이 지나가면
상표가 남고,

✦ 한국인이 지나가면
화투장이 남는다.

❖ 경지에 도달한 사람은 어떤 일을 해도
흔적을 남기지 않는다.
그렇기 때문에 그에게는 공(功)이라는 것이 없다.
- 장자

나라별
속임의 사슬

✧ 이집트인은
시리아인에게 속고,

✧ 시리아인은
알바니아인에게 속고,

✧ 알바니아인은
폴란드인에게 속고,

✧ 폴란드인은
독일인에게 속고,

✧ 독일인은
이탈리아인에게 속고,

✧ 이탈리아인은
스페인인에게 속고,

✧ 스페인인은
집시에게 속고,

✧ 집시는
악마에게 속는다.

❖ 한 쪽의 말만 듣고 속임수에 넘어가지 말라.
그리고 자신의 능력도 생각하지 않고 과중한 책무를
맡지 말라.
또 자신의 장점을 나타내고자 남의 단점을 예로 들지 말라.
자기가 능하지 못한 일을 남이 잘한다고 기분 나빠 하지도
말라.
- 채근담

남녀가 이별할 때

남녀가 이별할 때,

✦ 미국인들은
서로의 행복을 빌어주고,

✦ 일본인들은
자신의 새로운 애인을 소개시켜주고,

✦ 한국인들은
서로에게 저주를 건다.

❖ 이별의 아픔 속에서만
사랑의 깊이를 알게 된다.

- 조지 엘리엇

남녀가 이별한 후

남녀가 이별한 후,

✦ 미국인들은
친구로 지내고,

✦ 일본인들은
가끔씩 만나 안부를 묻고,

✦ 한국인들은
다시는 못 볼 원수로 지낸다.

> ❖ 이별의 시간이 될 때까지
> 사랑은 그 깊이를 알지 못한다.
>
> - 칼릴 지브란

각국 여자들의 이상형 남자

◇ 미국 여자들의 이상형 남자는
람보 같은 근육질 남자이고,

◇ 프랑스 여자들의 이상형 남자는
알랭 들롱 같은 감미로운 남자이고,

◇ 일본 여자들의 이상형 남자는
다루기 쉬운 노예형의 남자이고,

◇ 한국 여자들의 이상형 남자는
잘생기고, 돈 많고, 인간성 좋고, 유머러스하고,
힘 좋은(?) 남자이다.

❖ 사랑은 화관에 머무는 이슬방울같이
청순한 혼의 그윽한 곳에 머문다.
- F. R 라므네

각국 남자들의 이상형 여자

✦ 미국 남자들의 이상형 여자는
가슴이 크고 섹시한 여자이고,

✦ 일본 남자들의 이상형 여자는
한국 여자이고,

✦ 한국 남자들의 이상형 여자는
청순가련형 여자이다.

❖ 여자를 늘 좋게 말하는 사람은
여자를 충분히 모르는 사람이고,
여자를 늘 나쁘게 말하는 사람은
여자를 전혀 모르는 사람이다.

- M. 루브랑

각국 남자들의 특성

여자 친구의 집을 방문해서
분위기가 익숙해지면,

◇ 영국 남성은
안경을 벗고,

◇ 독일 남성은
넥타이를 끄르고,

◇ 네덜란드 남성은
웃옷을 벗고,

◇ 벨기에 남성은
신발 끈을 풀고,

✧ 프랑스 남성은
조심스레 옷을 한 가지씩 벗고,

✧ 이탈리아 남성은
여자의 옷을 벗긴다.

♣ 여자는 자신을 사랑치 않는
질투심 많은 남자를 싫어하지만,
자신을 사랑하는 남자가
질투심을 일으키지 않으면 화를 낸다.

- 라끌로

애인이 생기면

젊은 남자에게 애인이 생기면,

✦ 미국인은
제일 먼저 차를 가지러 차고로 달려가고,

✦ 영국인은
돈을 찾으러 은행으로 달려가고,

✦ 프랑스인은
꽃을 사러 꽃집으로 달려가고,

✦ 한국인은
술을 먹이러 술집으로 달려간다.

> ❖ 여자는 가령 백 명의 남자에게 속았더라도,
> 백 한 번째 남자를 사랑한다.
> - G. 킹켈

여자가 알몸을
보였을 때의 반응

◈ 여자가 갑자기
알몸을 보였을 때,

◈ 폴리네시아 여성은
배꼽을 가리고,

◈ 아라비아 여성은
얼굴을 가리고,

◈ 중국 여성은
발을 가리고,

◇ 영국 여성은
가슴을 가리고,

◇ 프랑스 여성은
뒷짐을 지고,

◇ 한국 여성은
그 자리에 쪼그려 앉는다.

❖ 갈망하는 마음속에 존재하는 아름다움은
보는 사람의 눈 속에 존재하는 아름다움보다 훨씬 숭고하다.

- 칼릴 지브란

천국나라의 문화

천국은
다중적인 문화로 이루어져있다.

✦ 영국인이
법을 만들고,

✦ 프랑스인이
옷을 디자인하고,

✦ 독일인이
자동차를 만들고,

✦ 중국인이
요리를 하고,

✦ 일본인이
가전제품을 만들고,

✦ 한국인이
인터넷을 개발한다.

❖ 문화와 관습에는 고정된 틀이 있을 수 없다.
현자들은 문화와 관습에 얽매이지 않으면서도
그것의 바람직한 전형을 만들었다.

- 회남자

지옥나라의 문화

지옥도 다문화로 이루어져 있다.
지옥에서는,

✧ 영국인이
요리를 하고,

✧ 프랑스인이
택시를 운전하고,

✧ 독일인이
순찰을 돌고,

✧ 이탈리아인이
경비를 서고,

✧ 인도인이
철로를 깔고,

✧ 일본인이
교과서를 만들고,

✧ 한국인이
정치를 한다.

❖ 우리는 이 세상에서 천당이나 지옥을 택하며
결국 스스로 선택의 노예가 된다.
지옥이란 신의 판결에 의해 가는 것이 아니라
자신의 결정이 가져오는 결과이다.
지옥이란 부정적인 에너지의 계속적인 선택과
사랑으로부터 자신을 격리시키는 최종 결과일 뿐이다.

- 데이비드 호킨스

핵폭탄

✦ 이란은
'알라'라는 이름으로 핵폭탄을 만들고,

✦ 북한은
'주체'라는 이름으로 핵폭탄을 만들고,

✦ 미국은
'정의'라는 이름으로 핵폭탄을 만들고,

✦ 중국은
'중화'라는 이름으로 핵폭탄을 만들고,

✦ 일본은
'자위'라는 이름으로 핵폭탄을 만들고,

✦ 한국은
'사드'라는 이름으로 국내 정치싸움을 한다.

❖ 우리는 정의와 힘을 결합시켜야 한다.
그러기 위해서는 옳은 자를 강하게 하거나
강한 자를 옳게 해야 한다.

- 파스칼

메일을 열었을 때의 나라별 반응

메일을 열었는데
스팸 메일이 하나도 없을 때,

✧ 미국인은
'얼씨구, 스팸이 없다!(Hooray, no spam here!)'
라고 말하고,

✧ 중국인은
'만세! 한 통의 쓰레기 편지도 없다!(萬歲! 一封郵件也沒有!)' 라고 말하고,

✧ 한국인은
'아싸! G 멜에는 스팸 멜이 up네유!' 라고 말한다.

> ❖ 교사의 임무는 독창적인 표현과
> 지식의 희열을 불러 일으켜주는 일이다.
> - 아인슈타인

할 일이 없으면

마땅히 할 일이 없으면,

✦ 인도인은
명상을 하고,

✦ 몽골인은
칼을 갈고,

✦ 중국인은
벼룩을 잡고,

✦ 베트남인은
잠을 자고,

✦ 일본인은
만화를 그리고,

✦ 한국인은
사우나에 간다.

❖ 우리가 어느 날 마주칠 재난은
우리가 소홀히 보낸 어느 시간의 결과이다.

- 나폴레옹

셋이 모이면 1

◈ 중국인 셋이 모이면
세 개의 음식점이 생기고,

◈ 미국인 셋이 모이면
세 개의 야구단이 생기고,

◈ 일본인 셋이 모이면
세 개의 상사(商社)가 생기고,

◈ 한국인 셋이 모이면
세 개의 당파가 생긴다.

❖ 천 마리의 개미가 모이면 맷돌도 든다.

- 중국 격언

셋이 모이면 2

✦ 영국인 셋이 모이면
클럽을 만들고,

✦ 프랑스인 셋이 모이면
혁명을 일으키고,

✦ 독일인 셋이 모이면
전쟁을 벌이고,

✦ 한국인 셋이 모이면
방석을 편다.

❖ 소경 셋이 모이면 못 보는 편지를 뜯어본다.

- 한국 속담

그래서인지

이스라엘과 독일에 이어
세계에서 3번째로 머리 좋은 민족으로 선정된
민족이 한국인이다.

❖ 그래서인지
한국인은 미국인 2억 명이 100년 넘게 걸려 완성한 인터넷과 핸드폰 기술을 단 30년 만에 간단히 뛰어넘었다.

❖ 그래서인지
한국인은 격한 싸움이 붙는 데까지 단 30분이 걸리지 않는다.

❖ 우리가 걱정을 지배하지 않으면
   걱정이 우리를 지배하게 된다.
   - 영국 속담

최상의 삶이란

남자에게 있어 최상의 삶은

✦ 미국인 월급을 받으며,

✦ 영국식 주택에서,

✦ 스위스인 재산관리인에게 재산을 맡기고,

✦ 베네수엘라인 미인을 아내로 두고,

✦ 중국식 요리를 먹으며 사는 삶이다.

> ✦ 내적인 생활이 없는 사람은
> 환경의 노예에 불과한 사람이다.
> - 아미엘

최악의 삶이란

남자에게 있어 최악의 삶은

✧ 중국인 월급을 받으며,

✧ 일본식 주택에서,

✧ 미국인 여자를 아내로 두고,

✧ 영국식 요리를 먹으며,

✧ 러시아인처럼 일하며 사는 삶이다.

> ❖ 이 세상을 살아가는 최고의 방편은
> 타협하지 않고 적응하는 것이다.
> 늘 타협하면서도 이에 따라 아무런 적응도
> 할 수 없는 자는 불행한 자이다.
>
> - 게오르크 짐멜

각국인의
인생 목표

✦ 미국인의 삶의 목표는
멋있는 물질주의자가 되는 것이고,

✦ 영국인의 삶의 목표는
이상적인 적응주의자가 되는 것이고,

✦ 프랑스인의 삶의 목표는
예술적인 플레이보이가 되는 것이고,

✦ 이탈리아인의 삶의 목표는
낭만적인 레이서가 되는 것이고,

✦ 중국인의 삶의 목표는
아방궁의 산해진미를 먹어보는 것이고,

✦ 한국인의 삶의 목표는
고급 아파트에 살면서 벤츠 타는 것이다.

❖ 큰 재주를 가졌다면
근면이 그 재주를 더 빛나게 해 줄 것이며,
보통의 재주밖에 가지지 못했다면
근면은 그 부족함을 보충해 줄 것이다.

- J. 레이놀즈

제 3 장
3국인의
행동 양식

● 국민성 풍자 유머 **지구촌 천태만상** ●

한국이 미국, 일본보다 우수한 점

세계에는 3천여 가지의 언어가 있지만,

⋄ 그 중 문자를 가진 나라는 100여개 국가뿐이며,

⋄ 그 중 자국어를 가진 나라는 28개 국가뿐이며,

⋄ 미국은 영국의 영어를 빌려다 쓸 뿐이며,

⋄ 일본은 중국의 한자 일부를 떼어다 쓸 뿐이다.

❖ 그러나 한국은 스스로 만든 우수한 한글을 쓰고 있다.

❖ 한글은 모든 언어가 꿈꾸는 최고의 알파벳이다.
- 영국 역사학자 존맨

❖ 만약 세계 언어를 통합해야 한다면 그것은 무쪼긴 한글이 되어야 한다.
- 미국UCLA 재러드 다이아몬드교수

❖ 한글은 세계에서 가장 훌륭하고 가장 명료한 글자이다.
- 미국 작가 펄벅

❖ 한글은 인류의 가장 위대한 지적 성취 가운데 하나이다.
- 영국 서섹스대 제프리 샘슨 교수

나라별
가장 먼저 한 일

중국, 일본, 한국 이렇게 세 나라에
각각 '극동3국 문화비교 연구소'가 설립되었다.
그러자,

✦ 중국은 제일 먼저
각계각층에 초청장을 띄우고 기념 연회를 열어 기금을 모금했고,

✦ 일본은 제일 먼저
여러 권의 책을 구입해 도서 자료를 갖추었고,

✦ 한국은 제일 먼저
크고 멋신 간판을 만들어
사무실 입구에 걸어놓았다.

✦ '내 조국, 옳든 그르든!'이라는 말은
아주 위급한 경우라면 어떤 애국자도 생각해서는 안 될
말이다.
그 말은 '내 어머니, 취했든 제정신이든!'과 다를 바 없다.
- G. K. 체스터튼

획일화와 개성화

✧ 획일화된 일본 국민은
리더가 오른쪽을 바라보면
모두가 그쪽을 바라보고,

✧ 개성화된 한국 국민은
리더가 오른쪽을 바라보면
30%는 오른쪽을 바라보고,
30%는 왼쪽을 바라보고,
30%는 위쪽을 바라보고,
10%는 돌부리를 걷어찬다.

❖ 한쪽으로 치우치지 않는 것을 중(中)이라 하고,
바뀌지 않는 것을 용(庸)이라 한다.
중이란 천하의 정도(正道)이고,
용이란 천하의 정해진 이치(理致)이다.

- 중용

그룹이 되었을 때의 나라별 특징

열 명이 모여 그룹이 되었을 때,

✦ 5~6명이 서로 얘기하고 나머지 사람은
연신 주위를 두리번거리는 그룹은
중국인 그룹이고,

✦ 1명이 말을 하고 나머지 사람은
고개를 끄덕이면서 경청을 하는 그룹은
일본인 그룹이고,

✦ 8~9명이 큰 소리로 떠들며
서로 자기 얘기를 하는 그룹은
한국인 그룹이다.

❖ 말하는 것은 지식의 특권이고, 듣는 것은 지혜의 특권이다.
- 올리버 웬들 홈스

나라별 작전명령

'한중일 연합군'과 '유럽 연합군' 사이에 전쟁이 벌어졌다.
그러자 '한중일 연합군' 사령부로부터 각국에 다음과 같은 명령이 떨어졌다.

✧ 중국은
백만의 보병을 동원하여 인해전술을 준비하라!

✧ 일본은
최첨단 군 장비를 동원하고 가미가제 특공대를 대기시켜라!

◇ 한국은
즉각 해병대와 공수특전단을 투입시켜 적의 심장
부를 공격하라!

❖ 영구히 강한 나라도 없고 영구히 약한 나라도 없다.
   나라의 강하고 약한 것은 경영 여하에 달려 있다.
   - 한비자

나라별
특정 성씨가 많은 이유

✦ 중국 사람들 중에는 유독 주(朱)씨가 많은데
그것은 그들이 붉은 색을 좋아하기 때문이고,

✦ 영국 사람들 중에는
유독 브라운(Brown)이 많은데
그것은 그들이 갈색을 좋아하기 때문이고,

✦ 한국 사람들 중에는 유독 김(金)씨가 많은데
그것은 그들이 돈을 좋아하기 때문이다.

❖ 사람에게 상처를 입히는 것 세 가지가 있다.
번민, 말다툼, 텅 빈 지갑,
그 중에서 텅 빈 지갑이 사람에게 가장 큰 상처를 입힌다.

- 이스라엘 속담

나라별 장기와 특기

✧ 손의 민족 중국인은
쿵푸와 탁구를 잘 하고,

✧ 칼의 민족 일본인은
검도와 꽃꽂이를 잘하고,

✧ 발의 민족 한국인은
태권도와 축구를 잘 한다.

❖ 쇳덩이는 사용하지 않으면 녹이 슬고,
물은 고이면 썩거나 추위에 얼어붙듯이
재능도 사용하지 않으면 녹이 슨다.
- 레오나르도 다빈치

3국인의 삶의 목표

✦ 중국인에게 있어 삶의 목표는
변화무쌍한 환경 속에서 살아남는 것이고,

✦ 일본인에게 있어 삶의 목표는
일생 동안 3번 찾아오는 기회를 잡아 성공하겠다는 것이고,

✦ 한국인에게 있어서 삶의 목표는
좋은 직장 잡아서 내 집 장만하고 자식 공부시키다 죽는 것이다.

❖ 신앙으로부터 종교로,
시골의 오솔길로부터 도시의 뒷골목으로,
지혜로부터 이론으로 떠나가는 민족은 슬플 지어다.
- 칼릴 지브란

3국인의 행동 양식

◈ 중국인은
되는 것도 안 되는 것처럼,
쉬운 것도 어려운 것처럼,
아는 것도 모르는 것처럼,
있는 것도 없는 것처럼,
꿍꿍이 속으로 우멍하게 행동하고,

◈ 일본인은
안 되는 것인지 되는 것인지,
어려운 것인지 쉬운 것인지,
거절인지 승낙인지,
일부러 알 수 없게 행동하고,

◈ 한국인은
안 되는 것도 되는 것처럼,
어려운 것도 쉬운 것처럼,
모르는 것도 아는 것처럼,
없는 것도 있는 것처럼,
화끈한 척 드러내놓고 행동한다.

❖ 요령이 좋은 사람과 현명한 사람의 차이는,
요령이 좋은 사람은 현명한 사람이라면 절대로 빠지지
않아도 될 곤란한 상황에 빠져서
그 상황을 잘 빠져나가는 사람이다.

- 탈무드

3국의 젓가락 문화

✦ 중국의 대나무 젓가락은
투박한 대륙문화의 소산이고,

✦ 일본의 일회용 나무젓가락은
깊이 없는 섬나라 문화의 소산이고,

✦ 한국의 금속제 젓가락은
적당한 무게와 품위를 지닌 반도문화의 소산이다.

❖ 진정한 문명은 가스나 증기에 있는 것이 아니요,
회전테이블에 있는 것도 아니다.
그것은 원죄(原罪)의 자국이 차츰 지워지는데 있다.

- 보들레르

3국인의 싸우는 이유와 방법

✧ 중국인은
실리를 놓고 모략의 창으로 싸우고,

✧ 일본인은
명예를 놓고 절개의 칼로 싸우고,

✧ 한국인은
명분을 놓고 충절의 활로 싸운다.

❖ 땅이 크고 사람이 많은 나라가 큰 나라가 아니다.
땅이 작고 인구가 적어도
위대한 인물이 많은 나라가 위대한 나라이다.

- 이준 열사

3국인의 언행 특성

✦ 감추기를 좋아하는 중국인은
 오리무중의 국민이고,

✦ 속내를 잘 내보이지 않는 일본인은
 믿을 수 없는 국민이고,

✦ 나타내기를 좋아하는 한국인은
 표현의 국민이다.

> ❖ 학문이나 행위는 높고 밝은 것을 철저히 규명하되
> 실행할 때에는 평범하게 중용을 따라야 한다.
>
> - 중용

3국 국기의 발현

◇ 별을 품은 중국인은
오성홍기를 만들었고,

◇ 해를 품은 일본인은
일장기를 만들었고,

◇ 우주를 품은 한국인은
태극기를 만들었다.

❖ 오이씨를 심으면 오이를 얻고, 콩을 심으면 콩을 얻는다.
  하늘의 그물이 넓고 넓어서 보이지 않으나 새지 않는다.

- 열반경

3국인의 놀라운 식성

✦ 일본인들은
바다 속에 있는 것 중 잠수함만 빼고 다 먹고,

✦ 중국인들은
날아다니는 것 중 비행기만 빼고 다 먹고,

✦ 한국의 보신주의자들은
정력에 좋다면 자신의 신체를 제외하고는
뭐든지 다 먹는다.

❖ 마음이 어지러워 즐거움만 찾으면
음욕을 보고 깨끗하다 생각하여
욕정은 날로 자라고 더하니
스스로 제 몸의 감옥을 만든다.

- 법구경

3국인의
인내력 테스트

일본, 한국, 중국 이렇게 세 나라 사람의 인내력을 테스트하기 위해 그들을 차례로 파리와 모기떼가 들끓는 돼지우리 속에 집어넣고 누가 더 오래 견디나 시험해 보았다. 그러자,

✧ 제일 먼저 뛰쳐나온 사람은
성급하고 결벽증이 심한 일본인이었고,

✧ 그 다음은
조금 덜 성급하고 온순한 한국인이었고,

❖ 이제 남은 사람은 중국인뿐,
그가 얼마나 오래 견디느냐가 문제였다.
그런데 10시간 만에 먼저 돼지우리를 뛰쳐나온 것은 중국인이 아니라 돼지였다.

❖ 인내력은 단순히 힘든 일을 참아낼 수 있는 능력이 아니라,
그것을 영광으로 돌려놓을 수 있는 능력이다.

- 윌리엄 바클레이

3국인의
동물소리 자랑

중국, 일본, 한국 이렇게 세 나라 사람이 서로 자기가 동물 울음소리를 더 잘 낸다고 자랑했다.

✦ 먼저 중국인이 말했다.
"내가 꽥꽥거리고 오리 소리를 내면 어떻게 되는지 알아?… 새끼 오리들이 모두 나한테 몰려든다구!"

✦ 그러자 일본인이 지지 않고 말했다.
"그래? 내가 큰 소리로 개 짖는 소리를 내면 어떻게 되는지 알아?… 우편배달부가 기겁을 하고 나무 위로 기어 올라가지!"

✦ 그러자 이번엔 한국인이 점잖게 말했다.
"그래? 내가 수탉 울음소리를 내면 어떻게 되는지 알아?… 아침 해가 떠오른다구!"

❖ 웃을 줄 아는 국가는 우울한 나라보다 강하고
생존 수명이 길다.
비스마르크 시절부터 독일은 허약한 나라가 되었다.
왜냐하면 그것은 무력이 약해서가 아니라,
더 이상 재미있는 나라가 아니었기 때문이다.

- 시드니 하리스

재미있는 세계 속담 1

⬥ 여자의 눈물과 개의 절름거림은 눈속임이 절반이다. (영국)

⬥ 코끼리로부터는 일곱 걸음, 소로부터는 열 걸음, 여자로부터는 스무 걸음, 술취한 주정뱅이로부터는 서른 걸음 떨어지는 것이 좋다. (인도)

⬥ 황소를 다룰 때는 앞쪽을, 말을 다룰 때는 뒤쪽을, 여자를 다룰 때는 사방팔방을 조심하지 않으면 안 된다. (이탈리아)

✧ 여자와 길은 굴곡이 심할수록 위험하다. (브라질)

✧ 여자와 수박은 우연히 선택된다. (그리스)

✧ 양초를 절약하기 위해 불을 일찍 끄고 아이를 많이 낳으면 그건 절약이 아니다. (중국)

❖ 속담은 그 나라 레토릭(rhetoric)의 총체이다.
- 우리말 절대지식

재미있는 세계 속담 2

✦ 재수가 없으면 두부모서리에 머리를 부딪쳐도 죽는다. (일본)

✦ 운이 좋은 사람은 말뚝을 박아도 그것이 레몬나무로 자란다. (이탈리아)

✦ 가난한 사람이 암탉 한 마리를 잡아먹는 때는 그가 병에 걸렸거나, 아니면 암탉이 병에 걸렸거나 둘 중의 하나다. (이스라엘)

✦ 닭에게는 다이아몬드보다 보리가 더 좋다. (미국)

✦ 신(神)은 잠시 동안의 인생에서 낚시로 보낸 시간을 빼 주지 않는다. (이란)

✦ 30세까지는 여자가 따뜻하게 해주고, 30세가 넘으면 한 잔 술이 따뜻하게 해주고, 그로부터 훨씬 세월이 더 흐르면 난로조차 따뜻하게 해주지 못한다. (에스파냐)

✦ 한 민족의 기질과 정신은 그 민족의 속담 속에서 발견된다.
- F. 베이컨

지구가
행복해지는 방법

◇ 한 사람이 큰 소리로 웃을 때 그 웃음소리는 무려 100m까지 전달된다고 한다.

◇ 지구와 달과의 거리는 38만 4천km이다. 그러므로 지구인 384만 명이 동시에 큰 소리로 웃으면 그 소리는 달까지 전달 될 것이다.

◇ 그리고 보름달이 뜨는 날 밤, 그 웃음소리는 메아리가 되어 다시 지구로 되돌아올 것이며 그러면 지구는 무척 행복해질 것이다.

✧ 내일의 일에 대해서는 신 이외에 아무도 모른다. 우리가 할 일은 오늘이 좋은 날임을 감사하고, 오늘이 행복한 날이 되게 하는 것이다.

❖ 행복이란 내가 갖지 못한 것을 바라는 것이 아니라 내가 가진 것을 즐기는 것이다.

- 린 피터스

> **부록**
> # 21세기 세계반 아이들

✦ 미국이 : 학급 반장

집안이 엄청 부자라서 반 애들이 설설 김. 그런데 반에서 일어나는 사소한 일까지 일일이 간섭해서 욕 많이 먹고 있음. 최근에 북한이 보고 콩알만 한 게 연필 깎는 칼 가지고 놀면 위험하다고 왕따 시키려 하자, 북한이가 자기가 가지고 있는 건 연필 깎는 칼이 아니라 재크나이프라면서 자꾸 그러면 자기도 가만있지 않겠다고 덤비고 있음.

✦ 중국이 : 속을 알 수 없는 덩치 큰 아이

차츰 반장의 라이벌로 부상하고 있음. 그런데 공부도 못하면서 자꾸 남의 것을 베껴서 반 친구들한테 욕 많이 먹고 있음. 오랜 집안 전통과 큰 덩치에도 불구하고 덩치 값을 못하고 속 좁은 짓을 할 때가 많음. 그렇지만 워낙 덩치가 커서 아무도 한판 붙자고 덤비는 애는 없음.

✦ 한국이 : 머리 좋은 별난 아이

부지런하고 IQ도 높고 공부도 잘하는데 문제는 자꾸 집안싸움을 해서 탈임. 심하게 집안싸움을 할 땐 애들이 책이랑 필기도구 다 훔쳐가도 모를 정도임. 아주 잘하는 것도 많고 아주 개

판인 것도 많은데, 가끔 체육대회 땐 숏트랙, 양궁, 레슬링, 골프 이런 것들로 학교를 완전히 뒤집어 놓기도 함. 미국이하고 특별히 친하고, 다른 학급 애들이랑도 잘 어울리는데 요즘엔 중국이가 북한이의 재크나이프 문제를 빌미로 남의 가방검사까지 하겠다고 우기지만 할 말 제대로 못하고 집안싸움만 하고 있음.

✦ 북한이 : 깡다구가 센 아이

덩치는 작지만 깡과 주체성이 엄청나게 강해서 반장한테도 자주 개김. 요즘엔 연필 깎는 칼이 아니라 재크나이프를 만들어서 학급 분위기를 싸하게 만들고 있음. 한국이 하고는 일란성 쌍둥이인데, 툭하면 재크나이프를 꺼내서 형이든 반장이든 아무나 찌르겠다고 막말을 일삼음. 그러나 사실은 그 속셈이 용돈을 달라고 하는 것임. 동생의 막가파 행패에 한국이는 미국이와 중국이 사이에서 눈치를 엄청 보고 있음.

✦ 일본이 : 돈 많은 얌얌빠진 아이

예전에 독일이와 일진 만들어서 미국이한테 덤볐다가 핵주먹 한 방 얻어맞고 이마가 으스러졌는데 지금은 다 나았음. 집 안마당이 자주 흔들려서 아주 골치를 앓고 있음. 돈도 많고 공부도 잘 하지만 가끔 꼴사나운 짓거리를 해서 한국이를 비롯한 몇몇 애들한테 욕 많이 먹고 있음. 아주 옛날에 한국이가 연필 잡는 법을 가르쳐 주었는데 그 은혜도 모르고 일진 때 저지른

잘못은 절대 사과 안함.

✦ 러시아 : 덩치 크고 싸움깨나 하는 아이

2학년 때 일진회 두목이었을 때는 학급 부반장을 지냈음. 지금은 옛날보다 많이 순해졌지만 아직 나름대로의 힘이 있기 때문에 함부로 건들면 안 됨. 집안에선 막내 이복동생 체첸이가 딴살림 차리겠다고 집을 뛰쳐나가려 하자 마구 쥐어 패서 입도 뻥긋 못하게 만들더니, 최근엔 둘째 이복동생 우크라이도 한방 쥐어 패서 가지고 있던 아이스크림을 빼앗아 버렸음. 중국이 하고는 친했다가 싸웠다가 좀 정신없는 사인데 요즘은 사이가 좋아졌음.

✦ 영국이 : 가문 좋은 아이

들리는 소문으로는 미국이의 배다른 형이라고 함. 한때는 반장까지 해 먹었을 정도로 잘나가던 녀석이었으며, 그때는 '용돈이 떨어지지 않는 아이'란 별명까지 들었고, 지금도 반에서 한 주먹 하기는 함. 자기네 집 마당에서 돈 놓고 돈 먹기 축구 게임을 즐기는데 그걸 '프리미어리그'라고 함. 미국이가 사탕으로 반 애들을 포섭하는 바람에 반장에서 미끄러졌음.

✦ 프랑이 : 자존심 센 아이

얼굴도 잘 생기고 공부도 잘하는 편이라 여학생들에게 인기가 좋음. 패션 감각이 뛰어나고 말발이 세서 스캔들을 많이 일으킴. 나폴레옹 할아버지 때는 아주 잘나가서 1분단을 완전히 장악하기도 했었음. 옛날이 그리운지 종종 학급회의 때 반장한테 태클을 걸기도 함. 얼마 전에 한국이한테 인라인을 팔았는데, 소리도 심하게 나고 알고 보니 불량품이었음.

✦ 독일이 : 말수가 적고 부지런한 아이
1~2학년 때 영국이, 프랑이와 함께 반에서 잘 나가던 녀석임. 그러다 어느 날 느닷없이 절 표시 머리띠를 두르고 옆에 앉은 애들을 마구 두들겨 패자 미국이, 영국이, 러시이가 함께 애들 편을 들어 마구 쥐어박는 바람에 허리뼈가 부러졌음. 지금은 허리뼈를 다시 붙였고, 그래도 양심은 있는 애라 한때 반 분위기를 난장판을 만들었던 것에 대해 사과를 했음. 일본이 놈보다는 통이 크고 그런대로 괜찮은 녀석이며, 맥주와 소시지를 엄청 좋아함.

✦ 이탈이 : 다혈질적이고 살생긴 아이
프랑이 못지않은 미남에다 영화와 스포츠카를 엄청 좋아하는 다혈질적인 녀석임. 아버지가 피자 체인점 사장인데, 집 자체가 문화재라서 재건축을 못함. 증조할아버지 때는 애네 집안에서 유명하고 똑똑한 사람이 많이 나왔다고 함. '그래도 팽이는 돈다.'라는 유명한 말을 한 사람도 이탈이네 가문 사람이라고 함. 3분단 애들 집안사람들이 모두 이탈이네 집 소작농이었다는 얘기도 있음. 여학생들에게 매우 인기가 좋고, 축구하면 애가 환장을 함. 한국이랑 성격이 비슷한 데도 있음.

✦ 터키이 : 교실 중간에 버티고 앉은 만만찮은 아이

유치원 다닐 때 유럽1리, 중동2리, 북아프3리 쪽에서 동네를 주름잡던 녀석임. 발칸3동 애들 아버지가 전부 얘네 집안 하인 출신이거나 꼬붕이었다고 함. 쌈꾼 기질이 농후한데다 깡다구가 있고, 집 뒤뜰에 기독교와 이슬람교 문화제를 엄청 많이 가지고 있음. 초등학교 입학 후 오스트리이와 러시아에게 얻어맞기 시작하더니, 1차 패싸움 때 눈치 없이 독일이 편을 들어주었다가 아주 박살났음. 그리스이가 자꾸 개기자 회심의 일타를 날려 겨우 자존심은 회복했음.

✦ 그리스이 : 덩치는 작지만 족보 있는 집안의 아들

이탈이네 옆집에 사는 그 동네 토박이인데 집안은 신화로 유명함. 일찍이 고조할아버지 때부터 민주적 생활방식을 이어오고 있음. 담임 선생님 말씀에 의하면 유럽 1, 2, 3리 주민들 생활방식이 모두 얘네 집안 가풍에서 비롯된 것이라고 함. 운동은 잘 못하는데 학급에서 체육부장이고, 예전에 할아버지가 동네연합체육대회를 처음 개최했다고 함. 요즘은 집안 살림을 잘 못해서 거털 날 지경이 되었다가 친한 애들 도움으로 다시 조금씩 살아나고 있음.

✦ 네덜이 : 덩치는 작지만 만만치 않은 녀석

유치원 다닐 때는 영국이보다도 수영을 더 잘해서 풀장을 완전 주름잡았음. 얘네 집안 사람들은 잘하는 것이 아주 많은데, 얼마 전에 한국이네 집에 와서 축구 과외선생 한 사람도 네덜이네 삼촌임. 어쩌다 고조할아버지가 저지대에 집을 지어서 맨날 물이 넘쳐 고생했다고 함. 일설에 의하면 피터라는 막내가 손가락으로 물새는 거 막아서 집안의 영웅이 되었다고 함. 그러다 집 주위에 둑을 쌓고 거기다 꽃을 심어 돈을 많이 벌어 지금은 풍요롭게 살고 있음.

✦ 핀란이 : 북유럽1리 추운 동네에 사는 아이
집이 엄청 추운 대신 마당 여기서기시 뜨기운 물이 나오는 바람에 그걸로 온천 개발해서 잘살고 있음. 러시이가 얘 깔보고 때렸다가 죽기 살기로 덤비는 바람에 저도 피나서 치료비 많이 나왔음. 한때 손전화기 장터에서 한국이네 애니콜이랑 얘네 노키아가 아주 인기 좋았음. 들리는 소문에 의하면 산타할아버지가 얘네 집인 출신이라는 얘기도 있음.

✦ 이란이 : 주유소를 하는 부잣집 아들
수염 긴 할아버지가 집안을 이끌 때는 석유 팔아서 잘 살았지만, 새 아빠 들어오고 나서 살림이 거덜 났음. 새 아빠가 얘한테 반장이랑 놀지 말라고 해서 미국이한테 왕따 당했고, 다른 교회 다니는 이락이하고는 자기네 교회가 더 좋다고 싸우는 등 학교생활 힘들게 하고 있음. 이락이랑 싸움질할 때 한국이가 새총 만드는데 필요한 고무줄 줬다는 얘기도 있음. 석유 팔아서 그 돈으로 핵폭죽 만들려다가 지금은 미국이 눈치보고 있는데 일단 떠든 놈 명단에는 올라가 있음.

✦ 이란이 : 중간 동네에서 엄청 잘나가던 녀석
전통 있는 집안 출신으로 할아버지 때는 중간 동네에서 아주 잘나갔음. 미국이가 이란이 쥐어 팰 때는 서로 친했지만, 미국이가 다시 이스라이 편을 들어주자 불만을 품었고, 중간 동네에서 다시 골목대장 하려고 짱돌, 과도, 가스봉지 등을 몰래 준비하다 미국이한테 들켜서 된통 얻어맞고 만신창이가 되었음.

✦ 이스라이 : 머리 좋고 개성이 강한 아이
교실 중간 자리가 옛날 자기 자리였다고 거기로 머리 디밀고 들어가서 원래 앉아있던 팔레스타이를 옆으로 밀어내고 그 자리를 꿰차고 앉았음. 반장하고 엄청 친한데다 집안에 돈도 많고 독특한 정신세계를 가지고 있어 추종하는 애들도 많지만, 반면 싫어하는 애들도 많음. 독일이가 머리에 절 표시 띠 둘렀을 때 하마터면 일가친척들이 모두 몰살당할 뻔했음. 중동파 일진회 열 몇 명과 일대 다수로 싸워 이긴 무용담은 학교의 전설로 남아 있음.

✦ 아프칸이 : 반에서 유명한 스트리트 파이터
한때 러시이가 꼬붕이를 삼으려고 하자 강력한 게릴라 권법으로 저항하는 바람에 결국은 꼬붕이를 삼지 못했음. 얼마 전 9월 11일에 미국이네 집 유리창에 돌 던진 걸로 미국이한테 초죽음이 되도록 얻어맞았음. 실제로 미국이네 집 유리창에 돌

던진 애는 사우디이네 집안 출신 '빈'씨 성을 가진 앤데, 그 친구를 자기네 집 땅굴 어딘가에 숨겨줬다는 이유로 개 패듯이 얻어맞은 것임.

✦ 인도이 : 아주 종교적이고 철학적인 아이

종교적으로는 여러모로 일가견이 있는데 청소를 잘 안 해서 집안이 매우 지저분함. 한때 영국이가 힘으로 집안을 접수하자 간디 할아버지가 '싸움 안하고 이기기 운동'을 벌여 주변 사람들에게 깊은 감명을 주었음. 학기 초엔 조용히 혼자 공부하는 걸 좋아했고 주변 애들한테 공부하는 법도 많이 가르쳐줬지만, 지금은 미국이나 영국이한테 많이 배우고 있음. 그렇지만 핵폭죽을 가지고 있는데다 가족 수가 중국이 다음으로 많아서 애들이 함부로 하지 못함.

✦ 싱가폴이 : 1분단 맨 앞자리에 앉은 땅꼬마

싱가폴이네는 안방이 그냥 집이고, 집이 그냥 안방인데 깨끗하게 잘 꾸며 놓아서 동네 사람들이 구경 많이 온다고 함. 한때 한국이, 홍콩이, 대만이, 싱가폴이 이렇게 4명이 아시아동네 일진회 '4룡이파'를 결성해서 큰소리 친 적도 있음. 지금도 장사꾼들과 일수쟁이들이 얘네 집에 와서 많은 거래를 하고 있다고 함.

✦ 말레시이 : 1분단 싱가폴이 옆자리에 앉은 아이

싱가폴이와 책상위에 금 그어 놓고 맨날 급식시간에 물 떠오는 것 가지고 티격태격함. 요즘 집안에서 과외라도 시켜줄 형편이 되는지, 한국이한테 공부 이기겠다는 둥 은근히 도전하지만 한국이는 코웃음도 안 치고 있음. 사실 얘네 마당에 있는 동네 최고층 탑 '페트로나스타워'도 한국이 삼촌이 설계하고 지어준 것이라고 함.

✦ 대만이 : 중국이의 막내 이복동생
나름대로 자기 실속을 차리는데다 반장이 은근히 뒤를 봐주고 있어 중국이도 함부로 못 건드림. 한때는 예전에 살던 마당 너른 집을 되찾겠다고 호기를 부렸지만 요즘은 잠잠해졌음. 중국이는 십 수 년 전만 해도 얘한테 까불면 한 방에 날려버리겠다고 겁을 주다가 그래도 동생인지라 요즘엔 잘 달래서 데리고 있음.

✦ 동티몰이 : 사는 집이 호수 한가운데인 쪼그만 아이
인도네시아가 버릇없이 까분다고 마구 짓밟아 중상을 입혔는데, 한국이랑 호주이가 잘 치료해서 돌봐주고 있음. 인도네시아랑 친한 한국이가 양쪽 다 기분 상하지 않게 싸움 잘 말렸다고 반 애들 칭찬이 자자함. 조그맣고 불쌍한 애라 몇몇 친구들이 도시락도 나눠먹고 공부도 도와주고 잘 돌보고 있음.

✦ 베트남이 : 나름대로 근성 있는 아이
중국이한테 눌려서 기를 못 펴고 지내다가 중국이가 영국이, 미국이한테 정신없이 두들겨 맞을 때 프랑이가 슬쩍 자기 꼬붕이로 삼았음. 프랑이는 애가 겉보기에 작고 약해서 말을 잘 들을 줄 알았는데 그게 아니었음. 녀석이 깡다구가 얼마나 센지 결국 프랑이를 물어뜯어 전치 4주의 부상을 입혀버렸음. 미국이도 멋모르고 건드렸다가 끈질기게 물어뜯기는 바람에 두 손 들고 말았음. 중국이도 덩달아 다시 한 번 애 쥐어박으려다 사타구니를 걷어차였음. 요즘은 동남아 골목에서 두목에 오를 싹수를 보이고 있으며 한국이를 좋아함.

✦ 몽골이 : 말 잘 타는 목장 집 아들

몽골이네 증조할아버지 칭기즈칸은 대단한 싸움꾼이었음. 그분은 말을 타고 멀리까지 나가서 딴 학교 애들까지 후려 패는 등 기세등등했으나, 지금 손자 대에 와서는 그냥 초원의 목동으로 남아있음. 애네 친척들 꽤 여러 명이 한국이네가 좋다고 돈 벌러 몰려와서 형제애를 외치자, 한국이는 그 옛날 90년 동안 일은 싹 잊어먹고 '엉덩이 푸른 점 형제애' 운운하면서 환영하고, 몽골이네 목장에도 놀러 많이 가고 있음.

✦ 쿠바이 : 소련 일진회와 친했던 고집 센 아이

나름대로 고집이 센 아이라 언젠가는 미국이한테 한방 얻어터질 거라는 소문이 자자했는데, 다행히 요즘 와서 서로 화해했음. 예전에 러시아가 소련 일진회 두목 할 때, 애 손에 슬쩍 컷터칼 쥐어주는 걸 보고 미국이가 갑자기 웃통 벗고 식칼 드는 바람에 반 전체가 아작이 날 뻔했음. 애네 큰삼촌 카스트로와 작은 삼촌 게바라는 학교에서 한때 껌 좀 씹었던 선배로 남아 있음.

✦ 유엔선생님 : 담임 교사

1945년 부임한 이래 66년째 학급 담임을 맡고 있음. 언제부턴가 애들이 담임 선생님을 무서워하지 않게 되었고, 미국이, 영국이, 중국이, 프랑이, 러시이 이런 애들이 워낙 설지는 바람에 제대로 힘을 못 쓰고 있음. 그래도 담임 선생님 역할은 잘 해야 하기 때문에 이런저런 문제가 발생할 때마다 열심히 학급회의를 주제하지만 권위가 잘 서지 않고 있음. 세월이 흘러 21세기 세계반 아이들이 좀 더 철이 들면 어린 시절 짱이니 일진회니 하면서 객기를 부렸던 것 다 부끄러워하고, 담임 선생님의 인내와 사랑에 감사하며 반 전체가 화기애애하게 어울릴 날이 올 것임.

– 끝 –